느린 학습자의 공부

85
human
therapy

느린
학습자의
공부

경계선 지능과
학습장애의 인지와
기초학습지도

박찬선 지음

이담북스

코로나바이러스의 확산이 멈출 줄 모르고 지속되고 있습니다. 학생들은 학교에 정상적으로 등교하지 못하고, 각 학교의 형편에 따라 다른 방식으로 등교하거나 수업을 받고 있습니다. 이제 치료실에서 만나는 학생들에게 "오늘은 학교에 갔었니?"라고 묻는 것이 일상이 되었습니다. 학생들은 그때마다 "이번 주는 안 가고 온라인 수업을 해요. 학교는 다음 주에 가요."라고 말합니다. 또 다른 학생들은 "우리는 월요일과 화요일에 학교에 가고, 수요일부터 금요일까지는 온라인 수업을 해요."라고 말합니다. 이처럼 우리는 온라인 수업과 오프라인 수업이 병행되는 교육 현실에 놓였습니다.

느린 학습자들은 누군가가 옆에서 도움을 주면서 학습하는 시기가 꽤 오랫동안 필요한 아이들입니다. 어느 정도 도움을 주면서 학습하다 보면 아이들 스스로 공부할 수 있는 부분이 생길 수 있겠지만, 대체로 긴 시간 동안 아이들은 어른들의 도움을 받아 학습해야 합니다.

등교해서 학습하게 되는 경우에는 그래도 담임선생님이 학생을 직접

지도를 하실 수 있고, 학습하는 속도가 느릴 때는 보조적인 자료를 주면서 부족한 학습을 도울 수도 있습니다. 하지만 온라인 수업을 진행하고 있는 요즘과 같은 형편에서는 집에서 부모님이 온라인 수업을 할 때마다 옆에서 지켜보면서 도움을 주어야만, 아이들이 수업을 따라갈 수 있습니다. '느린 학습자'들은 집중력이 현저히 낮기 때문입니다. 그나마도 부모님이 도와줄 수 있는 형편일 때는 나은 편입니다. 형제가 많거나 혹은 부모님이 직장을 가야 하는 이유로 옆에서 도와줄 수 없는 경우에는 온라인 수업을 제대로 진행하기가 어렵습니다. 이 같은 상황에서 느린 학습자들은 이전보다 훨씬 더 학습에서의 어려움을 경험하게 됩니다.

학교와 교육청 등 기관에서는 이러한 문제의 위급함을 인지하고 느린 학습자들을 어떻게 도와야 할지를 고민하고 있습니다. 학생들이 기초적인 학습능력을 놓치지 않고 기를 수 있는 방법을 고민하고, 학생들을 도울 수 있는 전문 인력들을 양성하고자 노력하고 있습니다. 이 책은 그분들을 위한 책입니다.

학교와 교육청에서 느린 학습자들을 위한 학습지원 방법을 연구할 때, 담임교사와 전문 인력이 학습지도 방법을 배우고자 할 때 도움을 드리기 위해 쓰인 책입니다. 또한 가정에서 기초적인 학습능력이 부족한 자녀를 돕기 위해 고민하는 부모님들이 참고할 수 있도록 마련된 책입니다.

이 책은 경계선 지능과 학습장애를 '느린 학습자'로 보고 있습니다. 현장에서 경계선 지능 학생들을 만나다 보면 학습장애 학생들이 다수 포함되어 있다는 것을 발견하였고, 이들은 비슷하지만 다르게 접근해야 한다는 것을 알게 되었기 때문입니다. 경계선 지능과 학습장애를 가진 모든 학생들이 열심히 노력하였을 때, 또래 학생들과 같은 잠재능력을 펼칠 수 있습니다.

독자분들이 이 책을 통해 경계선 지능과 학습장애의 차이점을 이해하고, 기초적인 학습지도 방법을 알게 되길 바랍니다. 더불어 학생들도 적절한 지도 방법을 통해 스스로 어려움에서 벗어날 수 있게 되길 바랍니다.

끝날 것 같지 않은 코로나 19의 확산 속에서 느린 학습자들을 위해 노력하는 많은 분들과 느린 학습자로서 힘들게 분투하고 있는 학생들께 힘이 되었으면 합니다.

박찬선

차 례

PART 1

경계선 지능과 학습장애는 '느린 학습자'다

PART 2

느린 학습자들의 인지적 특징

PART 3

느린 학습자의 기초인지능력 다지기

PART 4

학습능력평가로 느린 학습자 파악하기

PART 5

느린 학습자에게 효과적인 한글 지도법

PART 6

느린 학습자에게 효과적인 독해 지도법

PART 7

느린 학습자에게 효과적인 기초 수학 지도법

PART 8

공부 가르치기보다 더 어려운 아이의 심리

경계선 지능과 학습장애 아동들은 다른 누구보다도 학습을 잘하고
싶은 마음을 가지고 있다. 하지만 자신들이 가진 인지적 한계로 인해
또래만큼 쉽게 학습하지 못한다. 누구보다 더 잘하고자 하는 마음을
가지고 있어도 자신들의 뜻을 쉽게 펼치지 못한 채, 부모와 교사 그리
고 또래로부터 '공부하기 싫어하는 아이들'이라고 오해받는다. 자신
의 열정과 노력을 이해받지 못하는 경계선 지능과 학습장애 학생들
을 어떻게 도와야 할까?

교사와 부모들은 '특수교육 전문가'들만이 경계선 지능과 학습장애 아
동들을 도울 수 있다고 생각할 수 있다. 하지만 이들은 장애를 가진 특
수교육 대상자가 아니므로 특수교육을 전공하지 않아도 충분히 도와
줄 수 있다.

이 책은 경계선 지능과 학습장애 학생들의 어려움을 구체화하고, 이
를 극복하기 위한 현실적인 방법을 제안한다. 보통의 교사, 부모들이
이 책을 읽고 경계선 지능과 학습장애 학생들을 도울 수 있는 힌트를
얻을 수 있도록 함으로써 학생들이 자신이 원하고 노력하는 대로 공
부할 수 있도록 도움을 주고자 한다.

PART 1

경계선 지능과 학습장애는 '느린 학습자'다

느린 학습자라고 불리는 아이들이 있다

경계선 지능을 가진 학생들과 학습장애를 가진 학생들은 우리가 생각했던 것보다 우리 주변에 많다. 하지만 이들은 모두 겉으로 보아 평범한 학생인지 경계선 지능 또는 학습장애인지 구분하기 매우 어렵다. 일상 대화도 잘하고, 자신에게 주어진 가벼운 일을 큰 어려움 없이 해낼 수 있어 큰 문제가 있다고 인식하기 어렵기 때문이다. 다만 경계선 지능과 학습장애 경우 모두 공부하는 상황이 되면 큰 어려움을 겪기 때문에 '학습하기 어려운 아이들', '공부가 맞지 않는 아이들', '공부하기 싫어하는 아이들'로 인식하기 쉽다. 맞는 이야기다. 이들은 적어도 '공부 머리가 없어 보이는 아이들'이다. 학습하는 과정에서 누군가가 도움을 주면 그럭저럭 해낼 수 있는 것처럼 보이지만, 혼자 앉아서 스스로 공부하라고 하면 딴청을 피우면서 공부에 몰입하기 어려워한다. 또한 다른 아이들이 20분이면 해낼 분량의 공부를 몇 시간을 붙들고 앉아서 몸살을 앓기 때문에 가르치는 부모나 교사 입장에서도 가르치기가 매우 어려운 아이들이다. 한 번에 배울 수 있는 양이 적고, 배우는 속도도 느린 이들을 가리켜 우리는 '느린 학습자(slow learner)'라고 부른다.

넓게 보면 경도지적장애(IQ 55~69) 학생들도 느린 학습자에 포함할 수 있고, 경미한 자폐 증상을 가지고 있는 경도 자폐스펙트럼장애도 느린 학습자에 포함할 수 있으나, 이들을 전문 지식 없이 지도하기는 어렵다. 자폐스펙트럼장애 아동이나 지적장애 아동들은 특수교육이나 교육 치료에 대한 전문 훈련을 받은 치료사나 특수교사의 안내에 따라 교사나 부모가 지도하는 것이 적절하다. 그래서 각 학교 안에 전문 특수교사가 배치된 특수학급이 마련되어 있는 것이다. 간혹 경계선 지능을 가진 자폐스펙트럼장애나 ADHD 증상을 가진 학생들도 있다. 이 경우에도 경계선 지능을 먼저 생각하기보다는 자폐스펙트럼 증상과 ADHD 증상을 치료하는 것에 우선순위를 두어야 한다. 따라서 단순하게 경계선 지능으로만 판별된 경우가 아니라면, 특수교사 혹은 장애아동 전문가의 안내를 필수적으로 따라야 한다.

몇몇 학교에서는 느린 학습자들을 특수학급에 배정하고자 하는 경우가 있다. 경계선 지능 학생들이나 학습장애를 가진 학생들은 특수학급에 배치되어 교육을 받기에는 인지능력이 매우 좋고, 특수 교육적 접근을 통해서 이들이 가진 학습적 능력을 이끄는 것이 충분치 않기 때문에 이들을 위한 좀 더 수준 높은 교육 방법이 제시될 필요가 있다. 가장 좋은 방법은 일반 학급과 특수학급의 중간 수준에서 학습이 이루어지는 학습 도움반이 있는 것이다. 하지만 아직 경계선 지능과 학습장애 학생들과 같은 느린 학습자들을 위한 학습 도움반이 마련되어 있지 않으므로, 부모와 교사가 느린 학습자에 대한 심화 공부를 함으로써 이들을 도와주는 것이 바람직하다. 어떤 이들은 기존의 특수교사가 느린 학습자들에 대한 지식까지 습득하여 느린 학습자를 지도하는 것이 바람직하지 않으냐고도 말할 수 있겠지만, 다양한 장애아동을 지도하는 것은 특수교사에게 충분히 벅찬 일이다. 느린 학습자들의 특성이 부모나 교사가 감당하기 어려울 정도로 심각하게 인지능력이 낮은 것이 아니므로, 기존의 특수교사에게 맡기기보다는 부모나 교사가 이들을 도와주어 또래의 아동들과 함께 생활하도록 돕는 편이 낫다.

경계선 지능과 학습장애 학생들은 장애를 가진 아동이 아니고, 느린 학습자다(필자가 장애아동을 구분하는 것은 우리 장애 학생들을 폄하하기 위함이 아니고, 각각 아동의 특성에 맞는 학습지도 방법을 모색하기 위함이니 오해하지 않으시길 간곡히 부탁드린다). 경계선 지능과 학습장애 학생들은 또래 학생들보다 인지적으로 어려움을 가지고 있는 건 사실이지만, 충분히 극복할 수 있다. 이들에게 적합한 지도 방법을 제공하여 큰 성장으로 이끈다면 이들도 평범한 삶을 살아갈 수 있다. 그래서 장애아동이라고 하지 않고, 느린 학습자라고 부르는 것이다. 하지만 경계선 지능 학생들과 학습장애 학생들은 스스로 일상생활의 기술을 터득하거나 학습능력을 향상하는 데 어려움이 있으므로 교사나 부모들이 도움을 주어야 한다. 알아서 하지 못한다고 이상하다고 생각할 필요 없다. 이들은 생각하는 방법, 학습하는 방법을 잘 모르는 아이들일 뿐이다. 조금만 도와주면 점차 스스로 알아서 하는 부분이 많아질 것이다.

똑같이 느린 학습자여도 경계선 지능 학생과 학습장애 학생들은 기본 정의가 다르며, 각기 나타내는 인지적 어려움이 다르다. 어떻게 인지적으로 다른지는 다음 장에서 설명하겠다. 이 장에서는 간단하게 학습장애와 경계선 지능의 기본적 정의가 어떻게 다른지 알아보자.

학습장애를 판별하는 방법

학습장애를 가졌는지를 알아보기 위해서는 두 가지 검사를 시행해야 한다. 지능검사와 학력검사다. 지능검사는 병원이나 상담센터, 위센터 등에서 받을 수 있다. 학력검사는 모든 병원에서 실시하고 있지 않아서, 기초학력검사를 시행하는 기관을 따로 알아보아야 한다. 인터넷에 #학습장애 #기초학력검사 키워드를 입력하면 가까운 기관을 안내받을 수 있다. 요즘에는 각 교육지원청에 학습클리닉센터나 학습도움센터 등이 있어서 이곳에 문의하면 안내를 받을 수 있다.

평균지능 + 기초학습부진

　학습장애를 가진 학생들은 대개 지능검사를 통해 평균 수준의 인지능력을 가졌다는 결과를 얻을 수 있다. 간혹 초등학교 고학년 이상에서는 경계선 지능이라는 결과를 얻을 수도 있다. 그 이유는 초등학교 저학년부터 학습능력이 뒤처진 채로 학교생활을 하면서 또래 친구들과 학력이나 인지능력에서 격차가 점진적으로 벌어지게 돼 고학년이 되어 경계선 지능 수준의 지능지수를 얻게 된 것이다.

　학습장애는 기본적으로 평균 수준의 지능을 가졌거나, 평균지능의 잠재력을 가지고 있는 것으로 판별되어야 한다. 더불어 현재의 기초학력 수준이 기초학력검사를 시행하여 또래보다 2년 이상 뒤처졌다는 결과가 나와야 한다. 두 가지 조건을 만족하는 학생들을 학습장애라고 정의한다. 즉, 평균 정도의 잠재력(평균지능)을 가지고 있으나, 학력은 또래보다 2년 이상 뒤처진 학생들을 학습장애라고 한다.

경계선 지능을 판별하는 방법

경계선 지능을 가진 학생들을 판별하는 것은 매우 조심스럽다. 기본적인 행동이나 대화를 통해서 단정 지을 수 없다. 그래서 반드시 공신력 있는 기관에서 지능검사를 받아야 한다. 이때 정서나 심리 문제로 인해 일시적으로 경계선 지능 수준이 나오지 않았는가를 알아보기 위해 지능검사만을 단독으로 받기보다는 종합심리검사를 받아서 경계선 지능인지 아닌지를 알아보는 것이 좋다. 앞서 안내한 것처럼 병원, 상담센터, 특수교육지원센터, 위센터 등에서 검사를 받아볼 수 있다. 지역에 따라 조금씩 다르니 방문하기 전에 전화로 상세하게 문의를 하는 것이 좋다.

– 학습장애의 정의: 지능은 평균이지만, 특정 과목의 학습이 매우 어려운 학생들
– 경계선 지능의 정의: 지능이 평균 미만이지만 지적장애는 아닌 학생들

느린 학습자는
모두 평균의 잠재력을
가지고 있다

앞서 경계선 지능을 가진 학생들과 학습장애를 가진 학생들을 다르게 정의하기는 했지만, 실제로 외모나 행동만으로 이들이 경계선 지능인지 혹은 학습장애인지를 구분하기 매우 어렵다. 일상 대화도 잘하고 자신에게 주어진 평범한 일들에 대해 큰 어려움 없이 수행하는 아이들의 모습을 보면서 사람들은 '도대체 뭐가 부족하다는 거지?'라는 의문을 품는다.

현재 우리나라에서는 경계선 지능(IQ 70~84) 학생들을 느린 학습자라고 부른다. 인지능력이 다소 부족하다고 해서 학생들을 '경계선 지능'이라고 부르는 것이 불편하게 인식되고, 학생들을 낮게 보는 것 같다는 인식 때문일 것이다. 어감상으로나 듣는 이들이 심리적 불편함을 느끼지 않게 하려고 차선책으로 경계선 지능을 가진 학생들을 '느린 학습자'라고 부르고 있는 것이 현실이다.

우리는 느린 학습자에 대한 개념을 새롭게 정의할 필요가 있다. 차마 대놓고 경계선 지능이라고 부르는 것이 불편하다고 우회적으로 "느린 학습자"라고 부르는 것은 바람직하지 않다. 좀 더 교육적인 입장에서 살펴볼 필요가 있다. 왜 이들을 느린 학습자라고 불러야 하는지를 분명히 한 다음, 이들을 돕는 특별한 방법에 대하여 논의해야 한다. 그동안 경계선 지능 학생들만을 느린 학습자라고 불렀던 것을 학습장애 학생들까지 그 범위를 확장하여 느린 학습자라고 부르기를 바란다.

경계선 지능이라고 판정을 받는 여러 학생 중에는 학습장애가 많이 포함되어 있다. 전문가들도 이들이 경계선 지능인지 학습장애인지를 잘 구분하지 못한 채 치료하는 경우도 많다. 그리고 많은 학습장애 학생들이 적절한 지도를 받지 못해 고학년이 되어서 지능검사를 통해 경계선 지능으로 판정되어 오는 경우가 많았기 때문이다. 실제로는 평균지능을 가지고 있으면서도 많은 학습장애 학생들이 기초 학습의 장벽을 극복하지 못하고, 시간이 갈수록 또래와 학력 격차가 벌어지게 되면서 결국 경계선 지능이라는 판정을 받게 되는 것이다.

이러한 현상을 본 부모나 교사들은 '이들이 원래부터 인지능력이 낮았던 건 아닐까?'라고 오해하기도 한다. 학습장애 학생들의 지능검사 결과는 지능지수가 평균 수준이었다가 경계선 수준이었다가 하면서 오락가락한다. 이러한 결과를 본 보호자들은 지능검사 결과를 신뢰할 수 없다고 주장하기도 한다. 또한 이렇게 오락가락하는 지능검사 결과를 보면서 자녀를 어떻게 지도해야 좋을지 혼란스러워한다. 학습장애는 경계선 지능은 아니지만, 학습을 습득하는 속도가 느리기 때문에 또래와는 다른 방식의 지도가 요구된다.

이 책을 통해 느린 학습자 안에 경계선 지능 학생들과 학습장애 학생들이 모두 포함될 수 있는 현실을 알리고자 한다. 단순히 경계선 지능이라고 부르는 것이 불편해서 느린 학습자라고 불러서는 안 된다. 느린 학습자는 학습 속도가 느린 학생들을 가리키는 말이다. 학습장애를 가진 학생들도 학습의 속도가 느리기 때문에 느린 학습자로 불릴 수 있다. 다만 학습장애와 경계선 지능의 인지 특징이 조금 다를 뿐이다.

느린 학습자란 누구인가?

인도의 카울 교육센터 책임자였던 란자나 교수(2014)는 '느린 학습자는 평균 학생들과 동일한 잠재력을 가지고 있는 아이들'이라고 정의한다. 이것이 우리가 느린 학습자들에게 집중하여 도움을 주어야 하는 이유이다.

"Slow learners have the same potential as the average students."

느린 학습자들의 잠재력은 평균 수준에 도달할 수 있다. 하지만 그들은 실생활에서 학업성취가 또래보다 낮고, 일상생활에서도 어려움을 나타내며, 잘 해내겠다는 동기도 저하되어 있어서 교실 내에서 교사나 또래들에게 자신의 능력을 드러내지 못한 채, 뒤처져 있는 아이들이다. 우리가 주목해야 할 점은 이들이 일반 학생들과 동일한 수준이 될 수 있는 잠재력을 가지고 있다는 점이다. 실제로도 어려서부터 부지런히 교육을 진행해온 많은 느린 학습자들이 성인이 되어 성공적으로 인생을 살아가는 모습을 볼 수 있다. 어떤 이는 교수가 되고, 어떤 이는 사업을 하고, 또 어떤 이들은 누군가를 돌보는 일을 한다. 항상 누군가의 도움을 받아야만 할 것 같은 이들이 당당하게 다른 사람들을 돕고 자신의 독립된 삶을 꾸려나갈 수 있다는 것은 분명하다.

느린 학습자에 대한 정의는 연구자나 학자마다 다르다. 어떤 이들은 느린 학습자를 인지능력이 낮은 아이들이라고 정의하기도 하고, 또 다른 이들은 인지능력은 낮지 않지만 학업 수행력이 낮은 아이들이라고 정의하기도 한다. 즉 지능이 낮은 아이들이라고 정의하거나, 지능이 평균이라고 정의하는 것이다. 이러한 정의들은 느린 학습자를 가르치는 사람들에게 혼동을 가져온다. 사소한 혼동은 분명한 지도 방향을 잡기 어렵게 만든다.

이 책에서는 경계선 지능과 학습장애 아동 모두를 느린 학습자라고 부를 것이다. 평균지능을 가지고 있지만 인지능력이 불균형하여 기초학습을 잘 해내지 못하는 학습장애와 인지능력이 전반적으로 낮아서 기초학습을 잘 해내지 못하는 경계선 지능 모두를 느린 학습자에 포함한다.

1976년 미국의 교육학자 블룸은 교실 안에 있는 모든 학생에게 부가적인 교육 시간과 학습 기회를 제공한다면 학교에서 요구하는 모든 학습 목표에 모든 학생이 도달할 수 있다고 주장하였다. 하지만 우리는 알고 있다. 교실 안에 있는 모든 학생이 학교에서 요구하는 학습 목표에 도달하지는 못한다는 것을 말이다. 인지능력이 경계선 지능 학생들보다 낮은 학생들(IQ 69 이하의 학생들)은 아마도 일반 공교육에서 달성하고 싶은 교육목표에 도달할 수 없을 것이다. 이는 분명한 사실이다. 하지만 경계선 지능에 해당하는 학생들이나 학습장애에 해당하는 학생들은 이들에게 맞는 교육계획과 학습 방법이 주어진다면, 학습 측면과 사회 측면 그리고 직업 측면에서 큰 어려움 없이 살아갈 수 있다(물론 탁월한 능력을 요구하는 분야에서 두각을 나타내기는 어렵겠지만 괜찮다. 우리는 모두 탁월하기보다는 평범한 사람들이니 말이다). 따라서 우리의 관심사는 느린 학습자들이 일반 학생들처럼 공부하고 생활하도록 그들을 어떻게 도와주면 좋을지 고민하는 일이다.

또래보다 2년 정도 뒤처지는 학습능력을 나타낸다

느린 학습자들은 대체로 또래보다 2년 정도의 뒤처짐(Backwards)을 보인다. 실제로 경계선 지능을 가진 학생들의 부모를 만나서 학생들의 발달 수준이나 학업 수준을 또래들과 비교해 보았을 때, 어느 정도인지를 말해보도록 하면 대체로 또래보다 2년 정도 발달이 느린 것 같다고 대답하였다. 흥미로운 점은 학습장애를 가진 자녀의 부모들도 같은 대답을 한다는 것이다. 경계선 지능과 학습장애를 가진 학생들의 발달 수준은 대체로 또래보다 2년 정도 늦다.

그러나 학습장애와 경계선 지능의 뒤처짐은 조금 다른 양상을 보인다. 학습장애 학생들은 일상생활에서는 전반적으로 2년 정도 늦되는 것처럼 보이는 것이 사실이지만, 학습영역에서는 특정 교과목에서 비교적 또래들만큼 잘 해낸다. 하지만 국어, 수학 등의 일부 주요 과목에서는 또래보다 2

년 이상 낮은 수행능력을 보인다. 학습장애 학생들은 어떤 영역에서는 꽤 뛰어난 능력을 보이기도 하고, 이해력이 좋다는 인상을 주기도 한다. 이는 인지능력이 여러 영역에서 고르게 발달하지 못했기 때문이다. 어떤 인지능력은 우수하거나 보통 수준인 데 반해, 다른 어떤 영역은 매우 낮아서 제 기능을 발휘하지 못한다.

학습장애 학생들의 지능검사 결과를 보면 어떤 소검사 점수는 매우 높은데, 다른 소검사 점수는 매우 낮다. 이렇게 매우 잘하는 것과 매우 못하는 것이 섞여서 발달한다. 문제는 이들이 부족한 인지 영역을 극복하지 못한 채 성장하게 된다면, 높았던 점수들조차 점차 낮아지는 결과로 이어진다는 것이다. 인지능력이 균형 있게 발달하지 못하고 잘하는 것과 못하는 것이 뒤죽박죽 섞여 있게 되면 전반적으로 못하는 쪽으로 하향 조정되어 발달하게 된다. 그래서 이들이 어릴 때는 지능검사 결과가 평균 수준이었지만, 학년이 높아진 뒤 검사하게 되면 경계선 지능 수준으로 나오는 것이다.

경계선 지능을 가진 학생들도 일상생활에서 전반적으로 2년 정도 늦되는 것처럼 보인다. 하지만 학습장애와 다른 점은 인지능력이 전반적으로 고르게 낮다는 것이다. 무엇하나 뛰어나게 잘하는 것이 없이 '고르게 낮은 분포'를 보이며, 지능검사를 해보면 추상적 사고능력을 요구하는 항목에서는 더욱 낮은 능력을 나타내는 것을 볼 수 있다. 학습 영역에도 잘하는 과목 하나 없이 고르게 2년 이상 또래보다 낮은 수행능력을 보인다. 전반적으로 발달이 뒤처지는 특성을 보이는 것이다.

겉보기에는 학습장애나 경계선 지능 학생이나 큰 차이 없이 느린 학습자로 인식되지만, 실제로 지도해보면 학습장애 학생들이 훨씬 더 유능성이 높다는 것을 알 수 있다. 경계선 지능 학생들은 유능한 영역이 그다지 없어서 꾸준하게 지도함으로써 유능성을 만들어가야 한다. 기본으로 가지고 있는 자원(지적, 심리적 자원)에도 차이가 있어서 이들을 지도할 때 경계선 지능 학생들에 대해 더 많은 아쉬움을 느끼게 된다. 하지만 중요한 것은 경계선 지능 학생들도 '평균 지능의 학생들과 같은 잠재력을 가진 학생들'이라는 점이다. 다만 이들이 가진 기본 자원은 다른 이들과 다르므로, 조금 다르게 지도해야 한다.

학습장애 학생들은 인지능력 중에서 현저히 덜 발달되어 있는 부족한 부분을 중심으로 지도해야 하지만, 경계선 지능 학생들은 기본 인지능력부터 차근차근 쌓아나가듯이 지도해야 한다. 그나마 다행스러운 건 경계선 지능 학생들을 지도하다 보면 우려했던 것보다 습득 속도가 그리 늦지는 않다는 것이다. 물론 일대일 지도 상황에서는 또래들만큼 잘하는데, 혼자 학습하거나 또래들과 집단으로 수업할 때는 눈에 띄게 산만한 모습을 보이며 학습 속도가 느린 편이다. 우려했던 것보다 학습해내는 능력이 있다는 것을 알게 되면 꽤 기쁘고 안도감이 생긴다. 물론 혼자서 공부하도록 하기까지는 학습장애 학생보다 경계선 지능 학생들이 훨씬 오래 걸린다. 학습장애 학생들은 초등 저학년부터 잘 지도해 나간다면 중학교 2~3학년부터는 스스로 학습하는 것이 가능하다. 더 빠른 학생들은 초등 고학년부터 스스로 학습하는 방법을 터득한다. 하지만 경계선 지능 학생들은 고등학생이 되어도 스스로 공부하기가 어려워 도움을 주어야 할지도 모른다. 경계선 지능 학생이 스스로 공부하는 모습을 보기 위해서는 대학생 혹은 직장인 시기가 될 때까지 기다려야 할지도 모른다.

성인기에는 홀로 서기가 가능하다는 점을 생각해보면 교사나 부모가 불안하게 생각하지 않아도 될 부분이다. 경계선 지능 학생들이 스스로 공부할 수 있는 시기를 앞당기고 싶다면 초등 저학년 때부터 계획적으로 자기 주도 학습의 습관을 잡아주면 된다. 조금씩 자기 주도 학습을 해나갈 수 있도록 구체적인 행동습관을 정해서 지켜 나가다보면 어느새 스스로 공부하는 경계선 지능 학생들을 보게 될 수도 있다. 처음부터 교사나 부모가 가르치는 부분과 학생이 스스로 해야 하는 부분을 정해서 그 비중을 적절하게 조절해 나가면 될 일이다.

자기 주도 학습 능력을 기르려면

– 학생이 스스로 할 수 있는 것이 무엇인지 부모가 먼저 파악해야 한다.

– 처음에는 '양'보다는 '앉아있는 연습'을 먼저 시켜야 한다.

– 앉아 있는 연습을 할 때는 분량을 적절하게 조절해주어야 한다.

– 그날그날 아이들의 컨디션이 다르므로 협의에 의해 공부 시간이나 양을 조절해주어

야 한다.

예시: 1장 쓰기, 색칠하기, 10문제 풀기, 책 1쪽 읽기 등

느린 학습자들은
생각하는 것을 힘들어한다

느린 학습자들은 생각하는 것을 부담스러워한다. 한 중학생에게 선생님이 다음의 질문을 했다.

선생님 : "6인용 식탁에 의자가 몇 개 필요할까?"

중학생 : "잘 모르겠는데요."

선생님 : "그래? 그럼 2인용 식탁에는 의자가 몇 개 필요한지는 아니?"

중학생 : "그럼요. 알죠. 2개잖아요."

선생님 : "4인용 식탁에는 의자가 몇 개 필요할까?"

중학생 : "당연히 4개죠."

선생님: "그럼 6인용 식탁에는 의자가 몇 개 필요할까?"

중학생: "아까 제가 모른다고 했잖아요."

선생님: (속상)......

느린 학습자들은 조금만 숫자가 커져도 어렵다고 말한다.

6인용 식탁에 필요한 의자 개수를 모른다고 한 그 중학생은 평소에도 "모르겠다."라는 말을 자주 한다. 조금만 어려워 보여도 "그거 나중에 하면 안 돼요?"라고 말한다. 생각하는 것 자체가 부담스럽고 싫기 때문이다. 특히 숫자가 커지거나 글자가 많거나, 길게 이어지는 문장에 대해서는 어느 순간 생각하기를 멈추는 경향이 있다.

이들에게 생각하기란 어렵고, 복잡한 것으로서 고통스럽게 여겨지는 것이다. 숫자가 커지면 이를 계산하는 과정이 복잡해질 거라고 지레짐작한다. 학습 동기가 저하되고 한숨만 내쉬게 된다. 긴 글을 읽어야 한다면 언제까지 읽어야 할지 막막하다고 여겨 가슴이 답답해진다.

습관화된 무기력

느린 학습자들은 조금이라도 복잡한 과제를 접하면 기운이 빠지고 의욕을 상실하게 되는데, 자신이 잘 해내지 못할 거라고 믿기 때문이다. 주어진 과제를 해내기 위해서 교사나 부모의 복잡한 설명을 듣고 있어야 한다는 생각에 가슴이 답답하고 미리 싫증부터 나는 것이다. 어떻게든 해내야겠다는 생각보다는 하고 싶지 않다는 생각과 함께 회피하고 싶은 마음이 생기므로 속상한 표정을 지으며 기운이 빠져 어깨를 축 늘어뜨린다. 마치 도축장에 끌려온 가축처럼 힘없이 책상 앞에 앉아 있는 모습을 보인다.

느린 학습자들은 공부할 때나 머리를 써야 하는 게임을 할 때 줄곧 그러한 모습을 나타내기 때문에 어찌 보면 습관화된 무기력 상태에 놓여있다고 볼 수도 있다. 습관화된 무기력(Habitual helplessness)은 학습된 무기력(learned helplessness)과는 다르다. 습관화된 무기력은 학생들이 학습하는 상황에서 줄곧 수동적인 태도로 마지못해 공부를 해왔기 때문에 형성된 모습이다.

생각하는 것을 어려워하는 학생들을 데리고 공부를 가르쳐야 하는 교사나 부모들은 줄곧 학생들이 스스로 생각하도록 하기보다는 떠먹여 주듯이 쉬운 설명만 해왔을 수 있다. 그러다 보니 공부하는 내내 학생이 스스로 생각하는 주체가 되기보다는 쉽게 곱씹어서 설명해주는 교사나 부모의 설명에 의존해 왔을 것이다. 이러한 과정에서 학생 스스로 자신에 대해 "혼자서는 생각할 수 없다."라는 부정의 자기암시를 만들어 왔을 것이다.

스스로 생각하는 힘

오랫동안 스스로 생각하기보다는 부모나 교사가 정해주는 대로 따라 하기 바빴던 느린 학습자들은 생각하는 힘이 부족하다. 무엇을 어떻게 생각해야 하는지를 모르기 때문에 늘 "도와주세요." "같이 해요."라는 부탁의 말을 해왔다. 도저히 혼자서는 무엇인가를 해결하기 어렵다고 여기기 때문이다. 그나마 일상적인 일들은 무엇인가 깊이 생각해서 결정하기보다는 습관적으로 반복하면서 배운 것들이라 생각을 많이 하지 않고 당연하다는 듯이 수행할 수 있다. 부모에게 가르침 받은 대로 반사적으로 행동하면 되는 것이다. 그래서 가정에서는 큰 마찰 없이 생활할 수 있다.

생각의 근육, 생각하는 힘은 스스로 깊게 생각하는 경험을 자주 해야 생긴다. 누군가가 대신 생각해주거나 대충 생각하고 마는 그런 생활을 하면 절대로 만들어지지 않는다. 오랫동안 단련하고 꾸준히 운동해야 얻어지는 신체 근육과 같다. 스스로 복잡한 문제를 해결하지 못하고 누군가의 도움을 받으려 한다면 절대로 스스로 공부를 해나갈 수 없다. 나아가 성인이 되어서도 홀로서기를 할 수 없다. 그들이 복잡한 문제를 스스로 해결하도록 하기 위해서는 어려서부터 생각하는 힘을 길러주어야 한다.

보통 공교육, 특히 초등학교 교과과정에서는 생각하는 힘을 길러주기 위한 여러 가지 장치들을 교과서 안에 포함시켜놓았다. 느린 학습자뿐 아니라 다른 학생들도 스스로 생각하는 힘을 길러야 하기 때문이다. 그러나 현재 교실 환경 속에서 느린 학습자들이 생각하는 힘을 기르기란 매우 어려운 일이다. 교과 내용뿐 아니라 교사와 학생 간의 상호작용 방식, 학생과 학생 간의 상호작용 방식이 우리 느린 학습자들의 수준에 맞지 않기 때문이다. 교사와 또래 학생들의 상호작용은 느린 학습자들이 따라잡기에는 너무 빠른 속도로 진행된다. 교육 내용도 이해하는 데 시간이 오래 걸린다. 그렇기에 다수가 참여하는 교실 상황에서는 느린 학습자들이 자기 생각을 충분히 정리하여 상호작용할 수 있도록 주변에서 기다려주지 않는다. 수업을 진행해야 하는 보통의 속도가 있기 때문이다. 느린 학습자들이 생각하는 속도를 기다려 주지 않으며, 생각하기를 어려워하는 느린 학습자들에게 단계적으로 사고하는 방법을 안내해주지도 못하기 때문이다.

느린 학습자들에게 스스로 생각하는 힘을 기르는 일은 선택이 아닌 필수다. 스스로 생각할 수 있어야 글을 읽고 스스로 이해할 수 있고, 복잡한 연산 순서를 틀리지 않고 문제를 풀 수 있다. 따라서 우리는 느린 학습자들이 생각하는 힘을 기를 방법을 모색해야 한다. 교실이든 가정이든, 어디에서 누구를 만나도 사용할 수 있는 '생각의 힘'말이다.

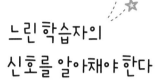

느린 학습자의
신호를 알아채야 한다

경계선 지능이든 학습장애든 느린 학습자들은 어릴 때부터 자신이 느린 학습자라는 신호를 보내온다. 느린 학습자의 신호는 부모나 교사에게 자신의 발달이 순조롭게 이루어지기 위해 도와달라는 암시를 보내는 것이다. 이 신호는 자신만의 힘만으로는 자연스럽게 또래들을 따라잡을 수 없음을 알려주며, 시간이 지날수록 격차가 심해질 수 있다는 경고다.

느린 학습자들의 신호는 다양하다. 유달리 신체조절능력이 부족하다든지, 유달리 집중을 못 한다든지, 유달리 언어표현력이 늦다고 신호를 보낸다. 유아기에는 또래보다 부산하다거나 산만한 행동이 눈에 띄고, 힘 조절을 하지 못해 과도하게 민다거나 물건을 망가뜨리는 경우가 많다. 언어표현력이 부족하고 말수가 적은 것처럼 보이기도 하여 언어발달이 약간 늦다는 생각이 들긴 해도 알아듣는 건 어느 정도 하는 것 같아서 지능이 문제라는 생각을 하지 못한다.

아이는 초등학교에 들어가면서 본격적인 신호를 드러낸다. 가장 먼저 눈에 띄는 것은 학습이다. 초등학교 입학을 앞둔 아이에게 한글을 가르치다 보면 이상할 만큼 학습이 안 된다는 것을 알고 당황하게 된다. 연필을 쥐는 힘이 약해서 글씨를 오래 쓰지 못하고, 가르쳐 준 글자를 쉽게 기억하지 못해 한글을 제대로 배우지 못하는 것을 보고 깜짝 놀라게 된다. 수에 관하여는 더욱 늦되는 모습을 보인다. 물건의 수와 숫자를 연결하여 말하지 못하는 모습을 나타낼 것이며, 1~10까지 수를 헤아리지 못하고 일대일로 물건을 짚어가면서 수를 세지 못할 것이다. 언뜻 보아서는 지능이 낮아 보이지 않는 아이가 학습 상황만 되면 매우 부족한 아이처럼 보인다면 틀림없이 느린 학습자일 것이다. 그뿐만이 아니다. 학습 문제 말고도 또래와 어울릴 때나 교사의 지시와 가르침을 습득하고 수행할 때도 어려움이 있음을 발견하게 된다.

느린 학습자들이 도와달라는 신호를 보낼 때, 어른들은 "지나친 낙관주의"로 인해 이러한 신호들을 놓칠 때가 많다. 심지어 이러한 신호들에 관심을 두고 자녀를 돌봐야 한다는 교사나 주변 사람들의 조언조차도 받아들이지 않고 화를 내는 부모들도 많다. 그들은 "우리 아이를 무시하지 말라."고 대답하기도 한다. 주변 사람들이 자녀를 이상하게 보는 것 같아서

속이 상하고 화가 나는 것이다. 하지만 자녀의 늦된 신호를 무시하거나 지나치게 낙관적으로 대처하는 부모들의 마음속에는 문제를 직면하기 어렵게 만드는 이유가 있다. 부모들이 아이의 성장이나 행동을 통해 부모 자신의 능력이나 노력을 확인하려고 하기 때문이다. 아이들이 잘하면 부모가 잘 가르쳤고, 아이들이 못하면 부모가 잘못 가르쳤다는 그릇된 생각을 품기 마련이다. 자녀의 능력과 부모의 능력을 동일시하는 부모들은 아이가 특별한 신호를 보내도 이를 무시하려는 경향이 있다.

아이가 잘하지 못하는 것은 어른들이 잘 가르치지 못했기 때문이 아니라, 우리 아이에게 맞는 눈높이 지도 방법이 필요하다는 것을 의미한다. 교사 연수회가 끝난 후 가장 많이 듣는 질문 중 하나가 "아이들의 문제를 제대로 이해하려 하지 않는 부모에게 어떻게 상담하면 좋을까요?"이다. 교사들은 아이들의 신호를 알려주고 싶어도 받아들이지 않는 부모들 때문에 교사로서 한계를 느끼게 된다.

교사든 부모든 아이들이 보내는 느린 학습자라는 신호를 보고 자신의 지도 방법에 문제가 있었구나, 하고 자책하지 말자. 교사가 학부모 상담을 할 때도 부모가 잘못 양육해서 자녀가 늦되는 것이 아니라는 점을 분명하게 전달하면 좋다. 부모가 어떤 잘못을 해서 학생이 그런 신호를 보내는 게 아니라, 학생에게 꼭 필요한 무엇인가가 있다는 점을 알려주는 신호라는 걸 알게 해야 한다. 또한 신호가 감지됐을 때 이를 무시한다면 더 나쁜 상황이 발생할 수 있다는 점도 알도록 하면 좋다. 대개 큰 건물이 무너진 다거나 비가 와서 산사태가 크게 난다거나, 커다란 담장이 무너지기 전에는 반드시 전조증상이 있다. 예를 들어 쩍 하고 갈라지는 소리가 자주 난다거나, 산비탈에서 굴러오는 돌덩이를 자주 보게 된다거나 하는 등의 현상 말이다. 우리가 알만한 사건들은 대체로 이런 사소한 전조증상을 무시해서 대형 사건으로 이어지므로, 이러한 사건들은 인재(人災)라고 하지 않던가. 아이들도 자신이 느리게 성장하는 아이라는 신호를 자주 보내준다. 그런데도 이러한 신호를 어른들이 무시한다면 이것이야말로 인재(人災)가 아닐 수 없다.

아이들이 보내는 신호를 무시하게 된다면 학생들은 학습에서 어려움을 겪게 되는 건 물론이고 대인관계에서도 어려움을 보일 것이며, 나아가 심리적 상처와 왜곡된 생각으로 인해 사회에 더욱 적응하기 어려운 사람이 돼버릴 수도 있다. 만일 아이들이 보내는 신호를 민감하게 인식하여 적절한 방식으로 학습, 언어, 사회성, 생활지도 등을 해나간다면 탁월한 사람으로 성장하지는 못할지라도 다른 사람들과 어울려 행복한 삶을 살아가는 어른으로 반드시 성장할 수 있을 것이다.

초등학교 입학 전후로 계속 보내오는 학생들의 신호를 민감하게 알아채야 한다. 모든 느린 학습자가 같은 신호를 보내는 것은 아니지만, 다음과 같은 신호를 보낸다면 느린 학습자일 가능성이 크다. 지금까지 해왔던 지도 방법을 느린 학습자에게 맞는 적절한 방식으로 바꾸어야 한다는 것을 깨달아야 한다.

느린 학습자의 신호

- 부산한 행동을 자주 한다.
- 집중력이 부족하다.
- 언어발달이 느리다.
- 한글과 수 개념을 배우는 걸 어려워한다.
- 신체 움직임이 또래와 매우 다르다고 생각된다.
- 좌우를 구분하지 못한다.
- 멀고 가까움을 구분하지 못한다.
- 힘 조절을 하지 못한다.
- 자기가 하고 싶은 말만 한다.
- 자세가 나쁘다.
- 공부에 대한 의욕이 없다.
- 주의를 줘도 달라지지 않는다.
- 집단활동을 잘하지 못한다.
- 다른 사람과 대화를 활발하게 하지 못한다.
- 자기가 하기 싫은 일은 안 하려고 고집을 피운다.
- 그 자리에서 적절하게 대응하지 못한다.
- 수 세기나 계산을 배워도 잘하지 못한다.

인지능력은 지각하고, 주의를 기울이고, 기억하는 등의 정신 활동을 말한다. 인지능력은 학습과 생활의 근간을 이룬다. 인지능력이 제대로 발달하지 못하면 자신의 전반적 발달이 원만하게 진행되기 어렵고 발달 지연이 나타난다. 특히 학령기에 접어든 아이들이 본격적으로 학습하게 되면 인지능력의 중요성은 더 커진다. 낮은 인지능력은 발달 지연과 더불어 학습 지체를 일으키므로, 인지능력이 부족한 학생들은 시간이 흐를수록 또래와의 격차가 심해지고 가정이나 학교, 지역사회에서 잘 적응하기가 어렵다.

대부분의 기초인지능력은 유아기에서 초등학교 시기 동안 가장 활발히 발달한다. 어린 시기부터 인지능력이 잘 발달하도록 돕는다면 점차 또래와의 간격은 좁혀지고, 학습이나 일상생활에서도 잘 적응할 수 있게 될 것이다.

개인마다 인지능력은 완전히 같지 않고, 다른 인지발달을 보인다. 같은 느린 학습자라고 하더라도 경계선 지능과 학습장애 아동들은 조금 다른 인지적 특성을 나타낸다. 그것이 무엇인지를 살펴보고 이후 어떻게 도울 수 있을지를 생각해보자.

PART 2

느린 학습자들의

인지적 특징

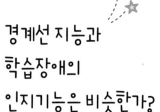

경계선 지능과
학습장애의
인지기능은 비슷한가?

경계선 지능과 학습장애 아동이 모두 느린 학습자라고 하였다. 두 경우 모두 학습 속도가 느리고, 발달이 더디기 때문이다. 하지만 이들의 인지기능의 뒤처짐은 같지 않다. 크게 보면 느리다는 점에서 비슷하지만, 작게 보면 세부 인지기능이 조금씩 다르다는 얘기다. 이러한 특성은 지능 검사에서 잘 나타난다. 경계선 지능 학생들의 지능검사 결과는 고르게 낮거나 고차원적 사고력을 나타내는 유동적 추론 부분에서 낮은 분포를 나타내지만, 학습장애 학생들은 유동적 추론에서는 높은 점수를 나타낸다.

경계선 지능과 학습장애 학생들은 지능검사를 했을 때, 모두 경계선 지능으로 평가되기도 한다. 물론 학습장애 학생들의 경우에는 평균 이상 혹은 우수한 지능지수(IQ 85 이상)를 나타내기도 하지만, 어떤 경우에는 경계선 지능으로 평가받기도 한다.

다음의 사례는 학습장애 아동의 자료다. WISC-III로 측정하여 얻은 한 학생의 지능검사 결과나. 유치원 때는 평균지능이었다가, 초등학교 고학년이 되어 경계선 지능으로 평가받은 경우다. 다음의 점수들은 실제 아동의 결과가 아니라, 학습장애 아동의 특성을 알려드리기 위해 약간 수정하여 제시한 지능검사 결과다. 이 아동은 유치원 때에는 전체 지능이 86이었다가, 초등 6학년이 되었을 때 전체 지능이 73이 되었다.

다음의 결과를 보면서 학년이 올라가면서 지능이 낮아졌다고 생각하시는 분들이 계실 수 있으나, 지능지수는 또래들과의 비교점수일 뿐이다. 지능지수가 낮음은 또래와의 인지능력 격차가 더 커졌음을 의미하며, 지능이 나빠졌다는 뜻이 아니다.

〈유치원 때〉

전체 지능: 86, 언어성 지능: 95, 동작성 지능: 80

언어이해-102, 지각추론-84, 주의집중-85, 처리속도-70

상식	공통성	산수	어휘	이해	숫자		빠진 곳 찾기	기호 쓰기	차례 맞추기	토막 짜기	모양 맞추기	동형 찾기
10	14	6	13	6	10		9	4	5	9	10	6

<초등 6학년>

전체 지능: 73, 언어성 지능: 73, 동작성 지능: 77

언어이해-74, 지각추론-81, 주의집중-77, 처리속도-62

상식	공통성	산수	어휘	이해	숫자		빠진곳 찾기	기호 쓰기	차례 맞추기	토막 짜기	모양 맞추기	동형 찾기
6	7	6	7	7	6		5	5	7	9	9	3

이 학생의 경우 초등학교 6학년 때 경계선 지능으로 평가되었지만 유치원 때는 비록 평균 이하이기는 해도 평균지능 범위에 있었다. 이 학생은 전형적인 경계선 지능이라고 판단되기보다는 학습장애가 있는 경우로 이해된다. 그 이유는 유치원 때 시행한 검사 결과 때문이다. 이 학생의 초등 6학년 때 지능검사 결과에서는 두드러지지 않지만, 유치원 때의 결과를 살펴보면 추상적 사고능력을 나타내는 공통성의 점수(14)가 상당히 높다. 또한 초등 6학년 때의 검사 결과에서도 머릿속 시각적 이미지를 회전하여 이해하는 능력을 나타내는 토막 짜기 점수(9)가 비교적 평균에 가깝다는 점이 그러한 판단의 근거가 된다.

학습장애를 가진 느린 학습자들은 인생의 어느 시점에 평균지능을 가지고 있다는 평가를 받았다가, 점차 낮은 지능지수를 가지게 되었다는 식의 검사 결과를 얻는 경우가 많다. 적절한 지도를 받지 못했기 때문이다.

다음의 결과는 K-WISC-Ⅵ를 시행하여 경계선 지능이라고 평가를 받은 초등학교 1학년 학생의 지능검사 결과다.

전체 지능: 70, 언어이해-74, 지각추론-70, 작업기억-77, 처리속도-61

공통성	어휘	이해	(상식)	(단어 추리)	토막 짜기	공통 그림	행렬 추리	(빠진곳 찾기)	숫자	순차 연결	(산수)	기호 쓰기	동형 찾기	(선택)
6	7	4	7	-	6	3	6	8	5	8	6	4	5	-

이 학생은 현재 초등학교 2학년이다. 유치원 때 시행한 검사 결과는 없지만 초등학교 1학년 때 경계선 지능(IQ 70)으로 평가되었다. 이 학생은 위에서 살펴본 학생과는 다르게 추상적 사고능력을 나타내는 공통성(6), 공통그림(3) 등의 항목에서 저조한 점수를 나타냈다. 앞으로 학년이 높아짐에 따라 추상적이고 개념적인 학교 수업을 할 때 더욱 어려움을 겪을 것으로 예상된다. 전형적인 경계선 지능으로 판단된 것이다.

느린 학습자로서 경계선 지능과 학습장애는 이처럼 추상적이고 개념적인 사고를 할 때 큰 차이를 나타낸다. 추상적이고 개념적인 사고능력은 더 복잡한 추론이나 더 복잡한 내용을 체계화하여 이해해야 하는 상황에서 필수인 인지능력이다. 물론 경계선 지능 학생들에게 개념학습이나 추상적 사고를 위한 훈련이나 학습 기회를 제공한다면 어느 정도 향상할 수도 있다. 하지만 처음 타고난 인지능력을 비교해 보면, 경계선 지능 학생들은 추상적, 개념적 사고의 어려움을 나타내지만 학습장애 학생들은 추상적 개념적 사고에서 강점을 나타낸다.

경계선 지능의
인지적 특성은 무엇인가?

　기초학습부진을 나타내는 학생들은 공부를 가르치기 어렵다. 본격적인 학습을 진행하기에 앞서, 선행적으로 발달시켜야 할 기초인지능력이 제대로 발달하지 않았기 때문이다. 기초인지능력은 학습할 수 있는 기본 구조물을 머릿속에 갖추는 일이다. 또한 학습을 원활하게 할 수 있는 기초 기능들이 잘 갖추어졌는가 하는 문제다. 기초인지능력이 제대로 갖추어지지 않는다면, 다른 학생들이라면 쉽게 배울 수 있는 내용을 받아들여 자신의 것으로 만들지 못한다.

　보통 학습 속도가 느린 학생들을 지도하는 유일한 방법을 '무한반복'이라 말하기도 한다. 학생이 알아들을 때까지 가르치는 사람이 인내심을 가지고 무수히 반복을 하다 보면 어느새 학생이 받아들이게 된다는 의미다. 어느 정도 일리 있는 말이다. 하지만 무작정 다른 아이들을 가르치는 방법은 기초인지능력을 다지지 않은 상태에서는 학생들을 오랫동안 힘들게 할 뿐이다. 느린 학습자들이 가지고 있는 인지적 특성을 이해하고 부족한 점을 채워나가면서 학습 지도를 한다면 더 쉽고 효율적으로 학생들을 지도할 수 있다.

그러기 위해서 경계선 지능 학생들이 가지고 있는 인지적 특성을 이해하는 것이 필요하다.

오래 보는 힘이 부족하다

오래 보는 힘이란 **시각적 주의지속**(sustained visual attention) 능력을 의미한다. 일정한 시간 동안 시선을 고정하여 무엇인가를 지속해서 바라보는 것을 말한다. 시각적 주의지속능력은 학습할 때 가장 많이 필요하다. 교과서나 학습지를 오랫동안 쳐다볼 수 있어야 이해하거나 학습된 내용을 되새겨 볼 수 있기 때문이다. 오랫동안 시선을 유지하지 못하는 학생들은 교과서나 학습지를 바라보지 않고 옆에 있는 필통을 뒤적거린다거나, 선생님이 가지고 있는 물건에 관심을 보일 수도 있다.

경계선 지능을 가진 학생들은 과제에 오래 시선을 두지 못하기 때문에 수업시간에도 산만하다는 인상을 주며, 모둠활동을 할 때에도 무엇을 해야 하는지 허둥대는 일이 잦다. 선생님이 주의를 주어도 그때뿐이고 어느 샌가 시선이 다른 곳으로 이동하여 자신이 해야 할 일과 전혀 관련이 없는 것에 관심을 빼앗긴다.

짧은 시각적 주의지속 능력은 대화를 할 때도 걸림돌이 된다. 그들은 상대방과 대화하는 도중에 시선을 이리저리 움직이기 바쁘다. 상대방에게 안정된 시선을 두지 않으므로, 상대방 입장에서는 자신의 이야기에 관심이 없다고 생각할 수 있다. 정작 경계선 지능 학생은 그렇지 않고 이야기를 듣고 있었다고 말한다. 하지만 대화 중 자신에게 시선을 고정하지 않는 상대방을 이해하고 대화를 계속하는 사람은 아무도 없기 때문에 누구도 경계선 지능 학생들과 대화하는 것을 즐겁게 생각하지 않게 된다.

오래 듣기 어렵다

오래 듣기 어렵다는 것은 **청각적 주의지속**(sustained Auditory Attention)능력이 부족함을 뜻한다. 일정한 시간 동안 누군가가 말하는 소리를 경청하여 듣기가 어렵기 때문에, 다른 사람의 말이 끝나기도 전에 주의집중의 문(門)이 닫힌다. 오래듣지 못하니 누군가가 길게 말하고 있다면 경계선 지능 학생은 누군가의 말 중 앞부분만 들었을 가능성이 크다. 교사가 설명할 때에도 처음에는 잘 듣는 것 같지만, 어느 샌가 혼잣말을 하거나 다른 생각을 해버린다. 오래듣기 어렵기 때문이다.

이 때문에 교사가 학생에게 잘못된 행동에 대해 훈계를 해도 제대로 듣지 않는 것처럼 보이고, 상담사가 경계선 지능 학생들과 대화로 상담하려고 해도 계속 이어서 상담하기가 어렵다.

많은 교사와 상담사들이 학생들이 항상 건성건성 듣고, 진지한 모습이 없는 것만 같아서 변화의 의지가 없다고 생각하고 이들과 대화하기를 포기하게 되는 경우가 많다. 하지만 경계선 지능 학생이 건성건성 듣고 있는 것처럼 보인다면 교사가 설명을 너무 길게 했기 때문이지, 학생의 태도가 불량해서는 아니라는 점을 이해했으면 한다.

상상하기 어렵다

머릿속으로 상상한다는 것은 머릿속에 이미지를 그려보고 상황이나 장면을 떠올릴 수 있다는 것이다. 즉 **표상**(representation)을 할 수 있다는 것이다. 표상이란 머릿속을 도화지라고 가정한다면 도화지 위에 그림이나 기호 등을 그리는 능력이다. 머릿속 도화지에 사물도 그리고, 어떤 상황도 그리고, 장면이나 사람들의 표정을 그려보기도 한다. 보통 표상은 생각하는 사람이 외부 자극 없이 스스로 만들어내기도 하지만, 누군가와 대화할 때나 어떤 경험을 할 때, 외부에 있던 자극들이 머릿속에 들어오면서 그림처럼 표상을 만들게 된다. 만약 누군가가 둥글고, 빨간색이고, 나무에 매달리는 과일이면서 〈백설공주〉 동화에 나오는 과일이라고 말했다면, 우리는 머릿속 도화지에 '사과'를 그리게 된다. 다른 사람이 한 이야기가 머릿속에 입력되어 머릿속에 표상을 형성하게 된 것이다. 이야기를 듣고도 사과를 그리지 못했다면 상대방이 말한 내용을 이해하지 못한 사람이다.

머릿속에 표상을 만들 수 있는 사람은 어떠한 설명도 이해할 수 있는 사람이고, 자신이 경험한 것을 이해할 수 있는 사람이다. 또한 스스로 상황을 이해할 수 있는 사람이다. 머릿속으로 상상하는 것이 어렵다면 다른 사람의 말을 이해하는 것도 어렵고, 책을 읽고 그 내용을 머릿속에서 정리하는 것도 어렵다. 의외로 상상하는 것을 어려워하는 경계선 지능 학생들이 많다. 이들의 상상력을 길러주기 위한 활동이 필수로 이어져야 한다.

기억하기 어렵다

들거나 학습한 것을 오래 기억하지 못한다면, 가르치는 입장에서 무척 힘이 빠지는 일이다. 지난번에 가르친 것을 또다시 가르쳐야 하므로 마치 밑 빠진 독에 물을 붓는 것이 아닌지 하고 실망하게 된다.

경계선 지능 학생들은 몇 번을 설명해도 처음 듣는 것처럼 보일 때가 많다. 기억하는 능력이 부족해서다. 하지만, 일단 입력된 기억은 잘 잊지 않는 특성이 있다. 확실하게 이해하여 기억한 것은 오랫동안 잘 기억한다. 하지만 기억을 오랫동안 정확하게 기억하게 하기 위해서는 가르치는 사람이 수없이 반복하여 돕는 과정이 요구된다. 이를 좀 더 수월하게 하려면 학생이 잘 기억할 수 있도록 효과적인 방법을 모색하여 학습 자료를 제시하는 것이 좋다. 자료를 처음 접할 때 인상적이고 기억하기 좋다면 몇 번의 노력 없이도 잘 기억할 수 있기 때문이다.

생각하기 어렵다

생각하기를 고통스러워하는 경계선 지능 학생들이 매우 많다. 조금이라도 어려운 이야기를 꺼내는 것 같으면 듣지도 않고 울어버리기도 한다. 그들은 어렵고 복잡한 것을 생각하려면 짜증이 나서 미쳐버릴 것 같다고 호소한다. 진심이다.

생각하기는 머릿속에서 퍼즐 조각을 맞추는 것과 같다. 경계선 지능 학생들의 머릿속에 있는 경험이나 지식은 정리되지 않은 퍼즐과 같다. 뒤죽박죽 정리되지 않은 채 머릿속에 지식과 경험이 함께 담겨 있다. 그 속에 새로운 뭔가를 넣어준다는 것은 또 다른 퍼즐 조각을 넣어주는 것이다. 이미 기존의 정리되지 않은 생각들로 머릿속이 복잡한데, 새로운 무엇인가가 들어오게 되면 머리가 터져나갈 것처럼 고통스럽다고 느끼게 된다.

따라서 경계선 지능 학생들에게 새로운 지식을 전달하거나 학습하고자 할 때는 복잡하지 않게 작고 쉬운 단위로 나누어 조각을 하나씩 맞추어 나가듯이 전달해야 한다. 교사도 정리하지 못한 지식을 이것저것 넣어주게 되면 학생의 머릿속은 더욱 복잡해져 나중에 배웠던 것을 물어보았을 때 도저히 머릿속에서 찾을 수 없다고 할 것이다.

학습장애의
인지적 특성은 무엇인가?

학습장애는 자신이 가진 학습의 잠재능력(평균적 지능)을 잘 발휘하지 못한다. 특히 기초적인 학습기술(읽기, 쓰기, 수학 등)을 배울 때 큰 어려움을 겪게 된다. 왜 학습의 어려움을 겪는 걸까?

경계선 지능 학생들과 마찬가지로 학습을 원활하게 하는 기초적인 인지능력이 제대로 발달하지 못했기 때문이다. 하지만 학습장애를 가진 학생들의 인지적 특징은 경계선 지능 학생들과는 조금 다르다.

방향이나 위치지각의 혼란

방향과 위치의 혼란은 동서남북의 방향이나 오른쪽과 왼쪽, 위와 아래의 구분이 필요한 상황에서 어려움을 나타낸다. 예를 들어 "오른손을 들어봐."라고 말했는데 어느 손을 들어야 할지 몰라서 머뭇거리거나, 종이 한장을 펼쳐놓고 "동서남북의 방향을 정해봐."라고 하면 이해하지 못하고 혼란스러워한다. 또 "오른쪽에서 세 번째를 가리켜라."라는 지시에 정확한 위치를 지적하지 못한다.

　학습장애 학생들은 자주 방향과 위치의 혼란을 나타낸다. 지도를 보면서 방향을 따라가는 것을 어려워하며, 도형의 펼친그림(선개도)을 그리는 것을 어려워한다. 이러한 방향이나 위치지각의 어려움은 글자를 배울 때 큰 걸림돌이 된다. 모음의 'ㅏ'와 'ㅓ'를 기억하기 어렵게 만들고, '후'와 '호'를 기억하여 쓰기 어렵게 만든다.

　다행스럽게도 방향과 위치지각의 혼란이 눈(안구) 등 감각기관의 문제이기보다는 주의력과 관련된 문제이므로, 교사가 쉽게 위치를 구분하거나 방향을 구분하는 방법을 가르치는 것으로써 쉽게 해결될 수 있다. 특히 방향이나 위치의 기준이 되는 '중심축' 또는 '중심점'을 가르치는 것만으로도 쉽게 방향과 위치 관계를 이해하기 때문에 크게 걱정할 필요가 없다. 하지만 보통의 또래라면 도움 없이 스스로 터득하는 능력이기도 해서 교사나 어른들은 시간이 지나면 나아지겠지, 하고 내버려 두기도 한다. 하지만 학습장애 학생들은 누군가의 안내 없이 스스로 위치나 방향을 구분하는 방법을 터득하는 데 어려움을 겪는다. 반드시 시공간 상에서 위치나 방향을 구분할 수 있도록 지도해주어야 한다.

순서에 대한 기억이 어렵다

순서에 대한 이해는 학습상황에서나 일상생활 속에서 매우 중요하다. 하지만 학습장애 학생들은 순서는 잘 이해해도 그것을 잘 기억해내지 못한다. 예를 들어 학습상황에서 병아리가 알에서 깨어나는 여러 장의 그림을 순서에 맞게 배열해야 한다고 치자. 학습장애 학생들은 교사가 순서에 맞게 그림을 배열하고 나서 설명을 할 때 이해를 잘 할 수 있지만, 섞어놓은 그림을 다시 순서에 맞게 배열하라고 하면 잘하지 못한다. 치료실에서 만난 학습장애 학생이 동영상을 보면서 종이접기를 따라 했다고 자랑하길래 "그럼 한번 접어봐."라고 했더니 기억이 나지 않는다며 짜증을 내기도 했었다.

이처럼 순서를 기억하는 데 어려움을 겪는 학습장애 학생들은 종이접기뿐만 아니라, 재미있는 이야기를 듣고 다른 사람에게 순서에 맞게 전달하기 어려워서 횡설수설하기도 한다. 또한 순서에 맞게 계산해야 하는 수학 문제 풀이를 하는데도 어려움을 겪는다.

사실 순서를 기억하는 능력은 기억하는 방법을 가르친다고 해도 잘 개선되지 않기 때문에, 학생이 확실하게 기억할 수 있을 때까지 몇 번이고 연습하는 방법밖에는 없다. 하지만 학생이 커나감에 따라 순서를 기억하기 위해서 자신만의 전략을 만들어 사용한다면 좀 더 효율적으로 순서를 기억할 수도 있다. 고학년의 학습장애 학생들은 순서를 기억하기 위해 첫 글자를 외운다거나, 이미지를 사용하는 등의 자기 전략을 잘 만들어내는 편이다.

차근차근 살펴보는 힘이 부족하다

차근차근 살펴보는 힘이란 **시각적 탐색**(visual tracking) 능력이나 **순차적 주의**(sequential attention)와 같은 시각적 주의능력을 말한다. 학습장애 학생들은 눈앞에 있는 대상을 하나씩 차근차근 순서에 따라 살펴보는 힘이 부족하다. 글을 읽을 때에도 한 글자 한 글자 읽어 내려가지 못하고 조사 등을 자주 건너 띄고 읽곤 한다. 시각적 탐색을 차근차근하지 못한다면 학습에서 당연히 어려움을 겪을 수밖에 없다. 예를 들어 시험 문제에서 질문지가 "다음 중 ~ 아닌 것을 골라라."였는데, 학생이 "다음 중 ~ 맞는 것을 골라라."라고 읽을 수도 있다. 이런 경우는 자주 발생한다.

또한 친구들과 놀이를 할 때도 친구들의 행동 하나하나를 살펴보지 못하기 때문에 친구들이 어떤 행동을 했을 때 왜 그렇게 행동했는지를 알지 못하는 경우가 많다. 차근차근 친구의 행동을 살펴보지 않았기 때문이다. 친구의 행동이 어떤 순서로 진행되었는지를 살펴보아야 친구가 왜 그런 행동을 했는지, 혹은 친구의 기분이 어떠한지를 알아낼 수 있는데, 차근차근 살펴보는 능력이 부족한 학생들은 대충대충 보이는 대로 판단하기 때문에 자기중심적으로 판단을 내릴 수밖에 없다. 이는 학습장애 학생들이 학습뿐 아니라 또래 관계조차 어려운 이유가 된다.

동시에 여러 가지 대상을 다루지 못한다

무엇인가에 열심히 집중하고 있는 학습장애 학생에게 다가가서 말을 걸어보자. 아마도 그 학생은 옆에서 하는 말을 건성으로 듣거나 아예 듣지 못할 수도 있다. 이러한 모습을 보면서 누군가는 그들의 집중력이 좋지 않다고 말할 수 있겠지만, 사실 이러한 모습은 한 번에 한 가지 대상에게만 집중할 수 있는 학습장애 학생의 특징을 잘 보여준 셈이다. 보통 어떤 일에 집중하고 있는 학습장애 학생들은 자기 생각이나 집중이 방해받을 때 짜증을 잘 낸다. 그 장소가 교실이건, 말을 거는 대상이 교사이건 상관없다. 자신이 몰입하고 있는 것에서 쉽사리 주의 이동을 못하기 때문에, 자신이 좋아서 집중하고 있는 일이 아니더라도 다른 일을 하라고 방해를 받으면 감정적으로 반응하는 경우가 많다.

이는 동시처리적 정보처리의 어려움이 있기 때문이다. 동시처리는 자신의 정신적 에너지를 여러 대상에 나누어서 사용하는 능력을 말한다. 운전하면서 말을 하거나, 동시에 여러 음식을 요리하거나 하는 등의 상황에서 요구되는 능력이다. 학습장애 학생들은 동시에 여러 가지 대상에 정신적 에너지를 할당하는 일을 잘하지 못한다. 한 가지 일에 집중하기도 벅차기 때문이다. 동시처리를 잘하지 못하는 학생들은 생각하는 속도도 비교적 느리다. 느리다고 꼼꼼하게 처리하는 것도 아니다. 꼼꼼하지도 않으면서 생각하는 속도가 느린 것이 문제다.

학습하는 상황에서 본의 아니게 여러 가지 대상에 주의를 기울여야 하는 상황을 만나게 된다면, 학습장애 학생들은 멍한 상태가 되어 한 가지 대상에 집중할 때보다 더 과제를 수행하지 못하게 될 것이다.

선수 인지기능 훈련의 필요성

　　학습장애를 포함한 발달의 어려움을 보이는 학생들의 학습지도에 관심을 둔 여러 학자(Fuchs 등, 2011)는 학생들의 학습지도를 위해 학업 성취뿐만 아니라 기초인지기능을 평가해야 한다고 강조한다. 이들이 정보처리, 기억 등에서 어려움을 나타내기 때문이다. 김애화(2011) 등은 이들의 원활한 학습지도를 위해서 선행적으로 낮은 기초적 인지기능을 훈련이나 연습을 통해 향상시켜야 할 필요성을 제시한다. 이들이 선행적으로 향상해야 할 인지기능을 '선수 인지기능'이라고 볼 수 있다. 선수 인지기능은 다른 기능보다 앞서서 발달시켜야 하는 인지기능이다. 학습을 하기에 앞서 발달시켜야 하고, 생활지도를 하기에 앞서 발달시켜야 한다.

　　보통 인지기능은 시공간 능력, 시각적 주의력, 청각적 주의력, 기억력 등을 말한다. 경계선 지능 학생도 학습장애 학생도 각각 부족한 인지기능이 있다. 느린 학습자들의 인지기능은 2~3개월 정도 반복해서 훈련하면 대체로 향상된다. 인지지능의 향상은 그 자체의 발달로는 의미가 없다. 시공간 능력이 아무리 좋다고 한들, 주의력과 기억력이 아무리 좋다고 한들, 인지기능이 좋다고 하는 것은 다른 무엇인가를 배울 준비가 되었다는 것을 의미할 뿐이다.

따라서 느린 학습자들이 2~3개월 만에 인지기능이 향상된다고 해서 이들의 지능이 좋아졌다거나 똑똑해졌다고 오해하면 안 된다. 이들의 인지기능은 선수기능이다. 즉, 다른 무엇인가를 배우기에 앞서 발달해야 하는 선행 능력일 뿐이다. 이들 능력이 충분히 발달하게 되면 무엇인가를 학습하는 속도가 빨라진다. 이들 능력이 부족하면 학습하는 속도가 느려진다. 그러므로 느린 학습자들에게는 인지기능을 먼저 훈련하는 과정이 요구되는 것이다. 그다음으로 가르쳐야 할 학습 내용을 전달해야 한다.

경계선 지능과 학습장애 학생들에게 선수 인지기능을 어떻게 가르쳐야 하는지는 Part 3에서 다루게 된다. 앞서 경계선 지능과 학습장애 학생들의 인지기능에서 차이가 있다고는 했지만, Part 3에서는 초등학교에 들어가서 처음 접하게 되는 학습을 해내기 위해 선행적으로 갖추어야 할 기초적인 인지기능들을 설명할 것이다. 경계선 지능이든 학습장애 학생이든 제시한 내용을 모두 접하도록 하면 좋겠다. 지도를 하다 보면 학생들마다 어떤 영역은 빠르게 습득하고, 어떤 영역은 더디게 습득하는 차이를 보인다.

학생들이 받아들이는 정도에 따라서 더 오래 가르쳐야 할 것과 짧게 가르쳐야 할 것을 구분하면 된다.

Part 3에서 제시한 기초인지기능을 훈련하고 나면 Part 4의 학습능력평가 결과를 기초로 학생들에게 읽기를 가르칠지, 쓰기를 가르칠지, 수학을 가르칠지를 정하면 된다. Part 4에서는 기초인지기능을 훈련하고 나서 어떤 영역의 학습지도를 해야 하는지를 세분화하기 위해 표준화된 학습능력을 평가하는 과정을 설명하였다. 표준화 학습능력을 먼저 평가하고 나서 기초인지기능을 훈련하고 필요한 학습지도를 하면 된다.

그동안의 학습지도는 학생들의 기초학습능력을 평가하고 나서 곧바로 교과 영역별로 학습지도 단계로 넘어갔다. 부족한 학습영역이 무엇인지만 살펴보고 나서 기초인지능력에 대한 탐색 없이 문자나 수와 같은 학습지도에 들어갔다. 무엇인가 체계적으로 학습을 지도하기보다는 이런저런 방법을 시도해보다가 적합하다고 판단되는 지도 방법을 정하는 시행 착오적 방식을 적용하는 것이다. 학생들의 학습 성장에는 전적으로 가르치는 사람의 경험과 학습 지도능력에 달려 있다.

물론 가르치는 방법(흥미롭고 다양한 교수법)이 효과를 발휘할 수도 있지만, 기초인지능력 훈련을 통해 보완하고 나서 학습지도에 들어가는 것이 좋다. 교수법에 의한 학습효과가 아니라 학생 스스로 받아들이는 능력의 변화에 의해 학습 진진이 이루어질 수 있기 때문이다. 덕분에 가르치는 사람이 바뀌어도 크게 영향을 받지 않고, 학생 스스로 학습을 해나갈 수 있는 조건이 만들어지게 된다.

다음에 제시되는 Part 3와 Part 4를 참고하여 느린 학습자들의 학습지도를 위한 선행조건을 만들어 보자.

느린 학습자들이 또래에 비해 느린 학습속도를 나타내는 것은 기초 인지능력의 발달이 뒤처져 있기 때문이다. 또래에 비해 부족한 인지 능력이 교사가 가르친 것을 정확하게 이해하기 어렵게 만들고, 부모가 수차례 가르친 것을 기억하지 못하게 만든다. 여러 차례 설명하고 가르쳐도 항상 새로운 것을 배우는 듯이 낯선 얼굴로 마주하는 느린 학습자들을 보면서 가르치는 사람들이 가르치기를 포기하고 싶을 때도 많다.

그러나 돌이켜보면 낮은 인지능력 때문에 가장 힘든 사람은 교사나 부모가 아니라 느린 학습자들이다. 공부를 잘하고 싶어도 이해하기 어렵고, 노력하고 싶어도 집중하기 어려워서 고통을 받으면서도 도리어 열심히 하지 않는 아이들이라고 오해받으니, 속상하고 화나는 일이 많았을 것이다.

가르치는 사람이나 배우는 사람이나 좀 더 쉽게 학습을 이뤄나가는 방법을 찾아야 한다. 이를 위해 기초인지능력 향상 지도가 필요하다.

PART 3

느린 학습자의
기초인지능력 다지기

기초인지능력이란?

기초인지능력(basic cognitive abilities)이란 모든 학습과 생활의 기반을 이루는 능력으로서, 읽기와 쓰기, 독해, 기초 수학을 배우기에 앞서 발달해야 하는 기본 정신능력이다. 기초인지능력이 발달하지 않으면 언어발달이 제대로 이루어질 수 없을 뿐만 아니라, 읽기, 쓰기와 같은 기초 학습을 제 시기에 획득할 수 없다. 뿐만 아니라, 자신을 둘러싼 다양한 일상생활 속 여러 상황을 이해할 수도 없으며, 자신이 행한 행동의 결과가 어떻게 나타날지 예측하기도 불가능하다. 기초인지능력은 느린 학습자들의 다양한 생활 적응(학습, 또래 관계, 문제해결, 적응 등)을 위해 반드시 충분히 연습하고 훈련해서 또래와 같은 수준으로 발달해야 한다. 기초인지능력은 고차원적인 사고능력과는 달라서, 충분히 또래만큼 발달할 수 있다.

기초인지능력에는 감각, 지각, 주의력, 기억, 정보처리 과정이나 처리속도와 같은 하위 능력들이 포함된다. 보고 들은 것을 정확하게 지각하고, 불

필요한 대상에 관심을 두지 않고 지금 학습하고 있는 과제에만 집중하는 능력, 보고 들어서 배운 내용을 빠르게 처리하여 이해하는 능력 등이 포함된다. 기초인지능력은 초등학교 고학년이 되기 전에 충분히 발달해야 하는 능력이다. 하지만 느린 학습자들은 초등학교에 입학해도 유치원 연령의 기초인지능력을 가지고 있을 수 있다. 그렇게 되면 또래보다 학습하는 속도가 느릴 수밖에 없다. 하지만 기초인지능력은 훈련과 연습을 통해 충분히 발달시킬 수 있다. 또래와 같은 정도의 기초인지능력이 발달하게 되면 학습하는 속도는 더욱더 빨라지게 된다.

이번 장에서는 느린 학습자들의 기초인지능력을 어떻게 발달시킬 수 있을지에 관해 살펴볼 것이다. 하지만 추리와 비교 같은 고차원적 사고능력을 발달시키는 방법을 다루지는 않을 것이다. 다양한 개념이나 범주, 사고의 조직화, 인과적 이해 및 추론과 같은 고차원적 사고능력은 단순하게 기능을 배운다고 해서 교과학습이나 일상생활에 바로 적용되지 않는다. 오히려 특정 교과학습을 하거나, 생활 속에서 직접 사고하는 법을 배우는 편이 도움이 된다. 또한 고차원적 사고능력은 성장기의 어느 시점에서 완료되는 기능이라기보다는 인생의 전반에 걸쳐 꾸준히 발달하는 인지능력이므로, 학습의 선행조건으로 가르치기에 적합하지 않다. 물론 생각을 보다 활발하게 하고 여러 가지 전략을 세워서 학습을 효과적으로 하는 방법을 가르치는 것은 가능하다.

기초학습능력을 기르는 데 어려움이 있는 학생들에게 사고력은 선행조건이 아니다. 기초인지능력이 선행조건이다. 오히려 사고력은 학교나 가정에서 학습하는 동안 좀 더 정교해지고 복잡해진다. 학교에서 진행하는 학습과정 그 자체가 사고력 연습의 과정이 될 수 있다. 하지만 학교나 가정에서 별도로 기초인지능력을 향상시킬 기회는 그다지 없다. 가끔 게임이나 흥미 또는 집중력 향상을 위해 퍼즐 맞추기나, 숨은그림찾기를 하긴 하지만 학생에게 필요한 것을 콕 집어서 필요한 기초인지능력을 선별적으로 연습하는 것이 아니기 때문에 학습 수행에 직접적인 도움이 되지 않는다.

이번 장에서는 기초인지능력 중에서 학습을 좀 더 원활하게 할 수 있는 활동이나 과제에 대해 다룰 것이다. 하지만 기초인지능력 전체를 설명하지는 않을 것이다. 경계선 지능과 학습장애와 같은 느린 학습자들에게 부족한 기초인지능력만을 집중하여 다루고자 한다.

- 기초인지능력: 감각, 지각, 주의력, 기억, 정보처리 속도, 정보처리 과정 등
- 고차원적 사고력: 개념적 사고, 추리와 예측, 비교와 분석, 인과관계, 예측, 문제해결 등

기초인지능력 1:
시간과 시공간 개념 익히기

○ '시간 경과'에 대해 인식하기

느린 학습자들은 우리가 보통 당연하다고 생각하는 기초인지능력이 부족하다. 예를 들면 시간의 경과에 대한 이해이다. 느린 학습자들은 물리적인 시간 경과에 대한 이해가 부족하다. 수학 문제 푸는 데 걸린 10분이 모바일 게임을 하는 데 걸린 30분보다 길다고 느낀다. 또 버스를 기다리는 15분이 친구들과 이야기하는 30분보다 길다고 느낀다. 보통은 즐거움과 같은 심리적 요인 때문에 그렇게 느낄 거라고 생각하지만, 실제로 느린 학습자들은 시간의 경과에 대한 느낌이나 이해가 부족하다. 5분이 10분보다 짧은 시간이라는 것을 정확하게 이해하지 못한다. 그래서 화장실에 앉아 있는 시간과 밥 먹는데 걸리는 시간의 길이를 비교할 수 없다. 이는 시간 경과에 대한 지각이 발달되어 있지 않기 때문이다.

시간 경과에 대한 이해가 부족한 느린 학습자들은 생활 속에서 주변 사람들을 답답하게 만드는 경우가 많다. 주변 사람들이 보기에 꿈지럭 거리는 것으로 보이는 행동을 하거나 무엇인가를 하기 싫어서 짜증을 내는데 헛된 시간을 많이 소비하는 것처럼 보인다. 어차피 해야 할 과제나 공부이고, 실제로 집중해서 하면 20분 이내의 짧은 시간 정도밖에 걸리지 않는데도, 딴 짓을 하거나 멍하니 있거나 왜 해야 하느냐면서 실랑이를 하느라고 시간을 허투루 보내게 된다. 부모나 교사가 잠깐이면 끝난다고 아무리 설득해도 힘들다고 짜증을 내거나 울상을 짓는 모습을 보면서 공부를 시키는 것이 이렇게 어려운 일인가, 하고 답답한 마음을 갖는 경우가 한두 번이 아닐 것이다.

일상생활에서도 분명히 더 효율적인 방법이 있는데도, 자신이 아는 방법을 고집하는 경우가 많은데, 이 또한 시간에 대한 감각이나 이해가 부족해서 그렇다. 내가 아는 한 중학생 느린 학습자는 학교 끝나고 매일 지하철을 타고 귀가하라는 부모님의 말씀을 들었는데도, 자꾸 버스를 타고 집에 오겠다고 했다. 실제로 버스 타고 오는 시간이 훨씬 더 오래 걸리는데도 말이다.

학생과 함께 실제 소요시간을 계산해 보았다. 버스를 타고 가면 52분, 지하철을 타고 가면 20분이 걸렸다. 그 학생은 숫자로는 52분이 걸리는 버스가 20분이 걸리는 지하철보다 오래 걸린다는 것을 이해했지만, 실제로는 버스가 더 빨리 가는 것 같다면서 이상하다고 대답했다. 물론 자신이 원하는 방식을 고집하는 강박 기질이 있을 수도 있겠지만, 다른 시간 차이에 관련된 연습을 통해 이 학생이 시간 경과에 대한 이해가 부족하다는 걸 알 수 있었다. 시간과 관련한 느린 학습자의 어려움을 이해하지 못하는 교사와 부모들은 이런 모습을 보며 어이없다고 생각하거나 답답하다고 느낄 것이다.

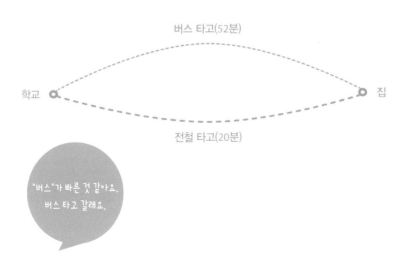

〈시간 경과에 대한 이해가 부족한 학생〉

느린 학습자가 진짜 시간 경과를 이해하는 데 어려움이 있는지를 알아보기 위해 여러 상황에서 테스트를 해볼 필요가 있다. 몇 가지 예시를 살펴보자.

- 도형을 색칠하는 데 걸리는 시간이 몇 분일지 예측하고 나서 실제로 걸린 시간을 비교해보기
- 물을 마시는 데 걸리는 시간을 예측하고 나서 실제로 걸린 시간을 비교해보기
- 간단한 수학 문제를 푸는 데 걸리는 시간을 예측하고 나서 실제로 걸린 시간을 비교해보기
- 봄, 여름, 가을, 겨울 다음에 어떤 계절이 오는지 말해보기

보통 또래들은 시계를 보지 않아도 대강 어느 정도 시간이 경과했는지 알아맞힐 수 있고, 숙제를 하면서 어느 정도 시간이 남았는지 궁금해하기도 한다. 다른 생각을 하거나 어떤 일을 하다가 문득 시간을 알고 싶어서 시계를 의식하여 보고 싶어 한다. 하지만 느린 학습자들은 그런 내적 인지 능력이 없어서, 눈에 띄는데 시계를 놓아도 볼 생각을 안 한다. 학습을 지도하는 교사나 부모들은 시간 경과에 대하여 의식적으로 가르쳐야 하며, 느린 학습자가 스스로 시간을 조절할 수 있도록 가끔 시계를 보면서 확인해야 한다는 것을 알려줄 필요가 있다. 이는 학습 동기를 높이는 인지 훈

련의 하나가 될 수 있으며, 학습 태도를 조절할 수 있는 기본 자질이 될 수 있다. 또한 스스로 자신의 학습을 조절하게 함으로써 학습에 대한 부담을 덜 수 있는 기초가 되기도 한다. 느린 학습자 스스로 시간 경과에 대해 자발적으로 인식하고 학습상황이나 일상생활에서 적용할 수 있도록 꾸준히 지도해야 한다. 이는 몇 번의 지도를 통해 배워지는 능력이 아니라 어느 정도 시간이 흐른 뒤에야 가능할 수도 있다. 하지만 스스로 시간 경과에 대한 인식이 생기면 자발적으로 학습하는 과정을 조절할 수 있는 능력이 생길 수 있으므로 인내심을 가지고 꾸준히 지도하는 것이 중요하다.

시간 경과에 대한 이해가 생기면 좋은 점

‐ 과제를 시작하는 시간이 늘어지지 않는다.

‐ 실제로 과제를 빨리 수행하고 싶어 하고, 집중력도 좋아진다.

‐ 자신의 행동을 조절하여 일정 시간 동안 집중하고 끝낼 수 있다.

시공간 개념 익히기

느린 학습자들의 시공간 능력에 관한 전문가들 사이에 의견이 분분하다. 1943년 스트라우스는 학습장애 학생들이 주어진 복잡한 도형 그림 속에서 모자나 나무와 같은 그림을 선별하여 지각하지 못하며, 점으로 찍힌 사각형 모양을 통합하여 지각하는 데 어려움이 있다고 주장하였다. 이는 학습장애를 가진 학생들이 시지각 능력에서 어려움이 있다는 것을 보여준다. 하지만 미국의 학습장애 전문가 Sally Shaywitz의 2016년 인터뷰를 보면 시지각 능력에서 어려움을 보인다는 것은 과학적 증거가 부족하다고 하였다. 학습장애 학생들은 시지각을 또래와 다르게 하는 것이 아니고 오히려 음운적 변별을 스스로 반복하면서 글자를 배우는 능력이 향상될 수 있다고 주장한다. 하지만 현장에서 보면 시지각과 관련한 느린 학습자들의 여러 가지 행동들을 발견할 수 있다.

첫 번째는 퍼즐 맞추기나 레고 블록 맞추기와 같은 시공간 과제를 느린 학습자들이 또래들만큼이나 제법 잘하는 것을 볼 수 있다. 이는 모양이나 물체를 시지각하는 능력이나 부분들을 이어 전체의 모양을 구성하는 시공간구성력 자체의 문제는 아니라는 것을 알 수 있다.

두 번째는 퍼즐이나 레고를 잘 맞추지만, 4*4의 형태로 된 점을 이어서 특정 도형을 그리는 과제는 잘하지 못하는 경우가 많다. 점을 이어 모양을 그린다고 해도 모양을 이어가는 모습이 또래들이 이어가는 모습과는 다른 점들을 자주 발견한다. 주어진 태상의 형태 전체를 지각하는 것은 어렵지 않을지라도, 형태를 구성하는 부분들을 지각하는 것은 또래와 매우 다르다는 것을 발견할 수 있다.

<시지각 오류>

세 번째는 이들이 레고를 잘 끼워서 어떤 모양을 잘 만들 수는 있지만, 입체로 그려진 도형의 보이지 않는 모습을 상상하고 이해하는 것을 매우 어려워한다.

네 번째는 종이 위에서 오른쪽과 왼쪽을 구분하거나, 실제 공간에서 동서남북을 이해하는 것을 매우 어려워한다.

<종이 위에서 방향 이해하기>

분명 저명한 학습장애 전문가 Sally Shaywitz의 말처럼, 느린 학습자들이 글자나 어떤 모양의 전체를 지각할 때 또래와 유사하게 지각하는 것 같다. 하지만 글자 내부의 획이라든지, 어떤 모양을 구성하는 세부 특징 등과 같은 것을 지각하는 데는 어려움이 있다. 실제로 자신이 지각한 그림이 무엇인지는 말할 수 있을지라도 약간의 시간이 흐른 뒤, 자신이 본 것을 기억해내 그리는 걸 어려워한다. 따라서 느린 학습자들의 시공간 지각의 문제는 전체 모양을 지각하는 데서 오는 것이 아니라, 세부 특징들이 전체 모양을 **'어떻게 만드는지'**를 이해하는 능력에서 찾을 수 있다. 또한 느린 학습자들은 시지각을 통해 받아들인 글자나 모양을 장기 기억 속에 저장하여 인출하는 과정에서도 어려움이 있는데, 애초에 시지각을 정확하게 받아들이는 데 어려움이 있는 느린 학습자들이 장기기억의 정보를 정확하게 인출하기 어려운 것은 당연한 일이다.

시간 경과 및 시공간 개념 익히는 방법

시간의 경과나 시공간 개념을 이해하는 능력은 다소 자연스럽게 발달하는 능력이다. 그저 일상생활을 해나가면서 누가 가르쳐주지 않아도 어느 정도의 연령이 되면 시간이 얼마나 흘렀는지, 오래 걸렸는지 짧게 걸렸는지를 구분할 수 있으며, 전체의 형태뿐 아니라 세부 특징도 함께 기억하는 능력이 생겨난다. 이처럼 자연스레 발달하는 또래들의 능력을 느린 학습자들은 자연스럽게 터득하지 못하기 때문에 학습할 때나 생활할 때 또래와 다르게 행동하는 것처럼 보인다. 지나치게 느릿느릿 행동한다거나, 글자를 가르쳐주어도 거꾸로 글씨를 쓰기도 한다. 가르치는 사람의 입장에서는 무척 답답하겠지만 막상 학생 입장에서는 자신이 무엇을 이해하지 못하고 있는지를 알 수 없어 한다. 다행스러운 점은 이들에게 시간의 경과나 시공간 개념을 가르칠 수 있다는 것이다. 저절로 터득하지 못한다고 해도 배우고 연습하면 충분히 익힐 수 있다.

시간 경과 예측하기 게임

준비물: 초시계

여러 가지 과제를 하기에 앞서 "몇 분 걸릴까?" 하고 선생님과 학생이 내기한다. 실제 과제 수행하고 나서 가까운 시간을 맞춘 사람이 상을 받기로 한다. 수차례 시간 맞추기 놀이를 하다 보면, 학생 스스로 현실적인 시간 예측을 할 수 있는 능력이 생긴다.

기준과 그리는 순서를 알려주기

느린 학습자들이 그림을 그리는 과제를 할 때 1. 어디를 기준으로 삼을지, 2. 어떤 순서를 그릴지를 알려준다. 선생님이 가르쳐준 순서대로 그리는 능력이 생겨나면, 다음 과제를 할 때 스스로 어디를 기준으로 할지, 어떤 순서로 그릴지를 말해보도록 한다. 점차 시공간 개념이 향상될 것이다.

아래의 그림은 아동에게 그림을 그리는 순서를 설명하고 나서 스스로 그리도록 지도했을 때의 결과물이다. 상단에 있는 그림이 시범 그림이고, 하단의 그림이 아동이 그린 그림이다. 시범 그림을 그릴 때 어떤 순서로 그릴지를 설명하면서 그리는 요령을 알려주면, 느린 학습자들은 시공간의 위치 관계에 대한 이해를 배울 수 있게 되며, 나아가 시공간 구성능력을 발달시킬 수 있다. 이와 같은 훈련은 반복해서 여러 가지 시범 그림을 그려주면서 연습해야 한다.

<그리는 순서를 지도하기>

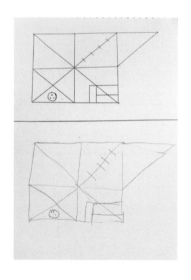
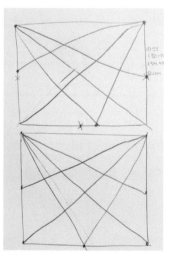

기초인지능력 2:
주의력 향상시키기

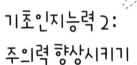

느린 학습자들에게 학습이 어려운 가장 큰 이유는 주의력의 문제다. 주의력은 일정 시간 동안 긴장감을 유지하면서 지금 하고 있는 일에 몰입하는 상태를 말한다. 느린 학습자들은 수업을 듣거나 과제를 할 때 오랫동안 자리를 지키며 주의를 유지하기 어렵다.

느린 학습자들의 주의력 향상은 기초학습지도에 앞서서 혹은 기초학습지도와 병행해서 이루어져야 한다. 주의력 향상을 위한 선행 연습을 하고 나서 기초학습지도에 들어가도 좋고, 기초학습지도를 하면서 주의력 향상 연습을 병행해도 좋다. 주의력은 어떤 대상을 기억하기에 앞서 이루어져야 하며, 어떤 내용을 이해하기에 앞서서도 이루어져야 한다. 즉 주의력은 글자와 숫자를 기억하기 위해 필요한 인지기능이다. 또한 읽은 글의 내용을 이해하거나, 일상생활에서 다른 사람들이 하는 일들을 이해하기 위해서, 다른 사람들이 하는 말을 이해하기 위해서 반드시 요구되는 인지기능이다.

학습이나 일상생활을 위해 요구되는 주의력은 시각적 주의력과 청각적 주의력이다. 시각적 주의력은 보고 집중을 유지하는 능력을 말하고, 청각적 주의력은 들을 때 집중하는 능력을 말한다.

청각적 변별력 기르기

청각적 변별력은 어떤 소리를 듣고 그 소리가 서로 어떻게 다른지를 이해하는 능력이다. 예를 들어 종소리와 사람의 말소리를 구분하는 능력이다. 다행히도 느린 학습자들은 비언어적 소리(종소리와 같은)와 언어적 소리(사람의 말소리)를 구분하는 능력이 또래와 비슷하여 구분하는 데 어려움을 겪지는 않는다. 또한 언어적 소리에서도 비교적 단순한 소리는 잘 구분한다. 하지만 '복잡한 언어적 소리'의 미묘한 차이를 구분하는 데 다소 어려움을 겪는다.

예를 들어 '가'와 '나'와 같이 단순하고 차이가 분명한 경우에는 구별의 어려움을 나타내지 않지만, '가'와 '과' 같은 매우 비슷하거나 글자에 이중모음이 들어간 경우에는 소리의 차이를 구분하지 못한다. 또한 '불'과 '붕'과 같은 받침 글자의 소리만 다른 경우에도 소리의 차이를 구분하지 못한다. 이는 언어적 소리의 복잡성 때문이다.

<소리 듣고 구별하기>

글자를 배우는 과정에서 느린 학습자들은 소리의 차이가 미묘한 복잡한 글자를 구별하여 소리를 내거나 글자를 쓰는 데 어려움을 겪는다. 따라서 그 글자를 소리 낼 때 혀의 모양을 알려주거나 글자를 쉽게 이해할 수 있는 힌트를 주며 가르친다면, 소리의 미묘한 차이를 쉽게 구분할 수 있으며 힌트를 제공하지 않을 때보다 글자를 쉽게 이해하고 배울 수 있다.

청각적 주의력 기르기: 적극적인 듣기

느린 학습자들에게 문장을 들려주고 그대로 말해보도록 하면, 정확한 문장을 기억하여 답하지 못하거나, 단어의 앞뒤 순서를 바꾸어 말하는 경우가 많다. 또한 7어절로 구성된 문장을 들려주었는데 4어절 문장으로 기억하거나, 문장 안에 포함된 조사나 문장의 어미를 자기식대로 바꾸어서 대답하는 경우가 많다. 청각적 주의력의 문제다.

느린 학습자들이 자신이 들었던 문장을 조사와 어순을 바꾸지 않고 들은 그대로 기억하도록 요구함으로써 청각적 주의력을 길러야 한다. 정확하게 듣는 연습이 되어 있지 않으면 학습을 할 때 선생님이 설명한 내용을 정확하게 이해할 수도 없고, 들었던 내용을 정확하게 기억하지 못하여 자기식대로 왜곡하여 장기기억에 저장할 수도 있다.

청각적 주의력을 기르기 위해서는 노래를 따라 부르거나, 들었던 문장을 다시 말해보도록 하는 연습을 자주 해야 한다. 가끔 듣기 능력을 길러주기 위해 녹음된 이야기를 들려주거나, 영어 문장 듣기를 자주 하도록 하는 것이 도움이 되는지 물어오는 경우가 있다. 그저 주변에서 흘러가듯이 소리나 노래를 들려주는 것은 주의력에 도움이 되지는 않는다. 더 적극적인 듣기를 할 수 있도록 어른들이 함께 듣고 이야기를 나누거나, 함께 노래 부르기, 들었던 이야기를 말해보기 등 반복해서 연습하는 것이 훨씬 도움이 된다.

- 7어절 문장 듣고 그대로 따라 말해보기

- 노래 가사 듣고 따라 말해보기

- 이야기를 듣고 내용을 기억해서 말해보기

순차적 시각주의 기르기

느린 학습자들은 글을 읽을 때 몇 개의 글자를 건너뛰고 읽는 경우가 많다. 또한 숫자 계산을 할 때 잘하다가도 중간쯤에서 엉뚱한 숫자를 써 계산 실수를 하는 모습을 종종 발견한다. 순차적 시각주의력이 부족한 학습자들의 특징이다.

순차적 시각주의력은 글을 한 글자씩 빠짐없이 읽을 때 요구되는 능력이다. 이 능력은 처음부터 끝까지 글자를 빠짐없이 눈으로 읽을 때 사용된다. 순차적 시각주의력은 보고 있는 대상을 정확하게 머릿속으로 받아들이는 과정에서 요구되는데, 느린 학습자들의 읽는 과정을 보면 글자를 빠뜨리거나 건너뛰거나, 다른 글자를 삽입하여 읽는 모습이 자주 발견된다. 순차적 시각적 처리의 어려움이 있다면 글을 읽고 내용을 정확하게 이해하기보다는 대강 이해하게 된다. 대강의 이해는 자기 자신만 내용을 알게 하고 다른 사람에게 설명하는 것은 어렵게 만든다. 내용을 대강 이해하게 되면 글을 읽고 문제를 풀 때 맞히는 문제도 있지만 틀리는 문제도 많아진다. 시험문제를 풀 때도 순차적 시각주의가 부족한 학생들은 문제를 끝까지 읽지 않는다. 또한 [~과 어울리는 것을 골라라]와 같은 질문을 [~과 어울리지 않는 것을 골라라]로 착각하여 읽기도 한다.

순차적 시각주의력이 부족한 학생들은 공부를 어설프게 할 수밖에 없다. 모든 글자 정보를 받아들여서 사용하기 어렵기 때문에 내용 이해를 대강 하려는 습관을 갖게 된다. 이는 학습능력이 향상되기 어렵게 만드는 주요 원인이 된다.

순차적 시각주의력 연습하는 것만으로도 성적이 향상되고 내용 이해력이나 글자 기억을 정확하게 만들 수 있다. 간단한 몇 가지 순차적 시각 훈련을 통해 주의력을 향상시켜보도록 하자.

- 글자 빠뜨리지 않고 소리 내어 읽기
- 규칙에 따라 바둑돌 놓아보기
- 규칙에 따라 숫자를 써보기(2씩 커지는 숫자 쓰기)
- 숫자 이어서 모양 그리기
- 획순에 따라 글자 써보기

선택적 시각주의 기르기

선택적 시각주의 능력은 숨은그림찾기를 할 때 요구되는 능력이다. 여러 물건이나 대상 중에서 찾고자 하는 특정 대상을 발견하고자 할 때 선택적 시각주의 능력이 요구된다. 글 속에서 핵심이 되는 낱말을 찾을 때, 생활 속에서 자신이 찾고자 하는 물건이 어디 있는지를 찾고 있을 때 선택적 시각주의 능력이 필요하다. 풀밭에서 네잎 클로버를 찾고자 할 때에도 선택적 시각주의 능력이 사용된다.

선택적 시각주의 능력이 부족한 사람들은 찾고자 하는 특정 대상을 잘 찾지 못하고, 주변에 있는 관련 없는 것들에게 시선이 자주 빼앗긴다. 그러다 보니 진정 찾아야 하는 대상보다는 찾을 필요가 없는 것들로 인해 집중력이 흔들리고, 계속해서 주변 자극들로 영향을 받다 보면 나중에는 자신이 무엇을 하고 있는지조차 쉽게 잊어버리고 만다. 이렇듯 관심의 대상이 아닌 자극들에 의해 영향을 받는 현상을 '**방해**(distraction)'라고 한다. '방해'는 여러 자극이 우리 시각에 들어올 때, 한 자극이 다른 자극을 처리하지 못하게 하는 현상을 말한다. 예를 들어 숨은그림찾기 과제를 할 때, 우리가 찾아야 할 물건이 '연필'이라고 치자. 주변에 복잡하게 그려진 다른 여러 그림이 '연필'을 찾는 것을 어렵게 만든다면, 주변의 자극이 '연필'을 방해하는 것이다. 선택적 시각주의를 잘하기 위해서는 주변의 방해 자극에 영향을 받지 않고 목표로 하는 대상에만 초점을 기울일 수 있는 능력이 있어야 한다. 그렇지 않다면 어떤 관심 자극에만 몰두하는 것이 불가능하기 때문이다.

선택적 시각주의력이 부족한 느린 학습자들은 여러 글자를 모아서 낱말을 만들고 그 낱말을 읽고 기억하여 글씨 쓰기를 하기 어려울 것이다. 왜

냐하면 하나의 낱말 속에 들어 있는 여러 글자가 서로 글자를 선명하게 구분하지 못하도록 '방해'를 할 것이기 때문이다. 특히 글자의 모양이 복잡하거나 이중받침이 들어 있는 낱말이라면 훨씬 더 어렵다.

보통 느린 학습자들은 과제가 복잡하게 보일수록 집중력이 떨어지거나 과제를 하고 싶어 하지 않는 행동을 자주 보인다. 이는 선택적 주의력이 부족하여 또래 학생들보다 과제를 더 어렵게 느끼기 때문이다. 느린 학습자들에게 선택적 주의력을 길러주기 위해서는 숨은그림찾기와 같은 과제를 자주 하면 좋다. 하지만 어떤 느린 학습자들은 숨은그림찾기를 매우 잘하는데도 글자를 잘 구분하기 어려워하는 경우도 있는데, 숨은그림찾기보다 글자가 더 복잡하고 지루한 자극으로 느껴지기 때문일 수도 있다. 이럴 때는 겹쳐진 그림 속에서 특정 대상을 구분해 내는 과제를 자주 하는 편이 낫다. 보통 숨은그림찾기 과제는 쉽지만 복잡한 겹선으로 이루어진 지루한 과제에서 어떤 도형을 찾거나 하는 과제는 쉽지 않게 느낄 수 있기 때문이다.

- 네잎 클로버 찾기
- 숨은그림찾기

<겹선 그림에서 동물 찾기>

학습장애는 순차적 주의력, 경계선 지능은 지속적 주의력

느린 학습자들은 모두 주의력이 부족하기 때문에 앞서 설명한 주의력의 여러 요소들을 반복해서 연습하는 것이 좋다. 그중에서도 학습장애를 가진 학생들에게는 특별히 순차적 주의력을 좀 더 열심히 훈련하도록 해야 한다. 학습장애 학생들은 유난히 글자를 빠뜨리고 문장을 읽는 경우가 많아서, 한글을 읽을 때뿐만 아니라, 국어학습, 수학학습, 다른 교과학습을 할 때 오류를 많이 나타낸다. 학습장애 학생들이 더 이상 순차적 주의력 부족으로 학습하는 데 어려움을 느끼지 않도록 충분히 연습할 필요가 있다.

경계선 지능 학생들은 대체로 주의력이 부족하지만, 유난히 주의집중을 오래 이끌어나가는 것을 어려워한다. 이는 특별한 과제를 두고 주의집중을 오래가도록 연습하기보다는 어떤 과제를 하든지 좀 더 긴 시간을 과제에 몰두하도록 도와야 한다. 이는 시간을 두고 점진적인 향상을 이끌어야 한다. 학생들이 자신이 과제에 몰두한 시간을 알 수 있도록 초시계를 준비하여 과제를 시작하고 끝날 때 지속한 시간을 측정하도록 하자. 이때 점차 시간을 늘려나가는 것이 좋다.

기초인지능력 3: 기억능력 향상시키기

느린 학습자들은 학습 상황이 아니어도 또래와는 조금 다르다고 생각될 때가 많다. 분명 인지능력이 크게 낮은 것처럼 보이지 않는데도, 간단한 지시 내용을 잊고 같은 실수를 반복한다. 공부를 시작하기 위해 책을 꺼내라고 해도 딴청을 피우다가 재차 독촉해야만 그제야 책을 꺼내기도 한다. 수업 중에도 산만해서 선생님 옆에 앉혀도 집중하는 모습이 개선되지 않는다. 그러니 수업 내용에 집중하지 못하는 것이다. 특히 쓰기를 하거나 수 계산을 할 때 사소하게 글자나 숫자를 빼놓고 쓰지 않기도 한다. 또 일상생활에서도 여러 번 이야기해도 한 귀로 듣고 한 귀로 흘리는 듯한 모습을 자주 보인다. 숙제하라고 책상에 앉혀도 한동안 멍하니 앉아 있어서 왜 그러냐고 물으면, "뭘 해야 하는지 모르겠다."고 말할 때도 있다.

느린 학습자의 주의가 산만한 모습을 보고 많은 이들은 학습의 동기가 부족하다거나, 공부를 싫어한다고 오해를 하기도 하고, 집중력의 문제라고도 하는데, 사실은 "기억의 문제다."

특히 한 번에 받아들일 수 있는 정보의 양을 의미하는 **기억용량**(memory span)과 집중을 방해하는 여러 요소에도 불구하고 머릿속에 정보를 담고 유지하는 능력을 의미하는 **작업 기억**(working memory)의 문제가 가장 크다. 서울대학교 교육대학원 이새별 박사의 연구(2020)에 따르면 느린 학습자들의 작업 기억의 용량은 또래보다 2개 정도 부족하다고 한다. 대략 또래 아동이 사용하는 작업 기억의 용량이 7이라면, 느린 학습자들은 5개 정도 담을 수 있는 용량이다. 그래서 작업 기억의 용량을 높여야만 한다.

작업기억능력 기르기

작업기억은 머릿속에서 저장과 처리를 동시에 하는 능력이다. 어떤 정보들은 저장하고 어떤 정보들은 처리를 위해 사용하는 것이다. 저장은 기억을 말하고, 처리는 지금 즉시 생각하거나 문제해결을 하는 것을 말한다. 작업기억능력을 기르기 위해서는 일정량의 정보를 제시하고 저장과 처리를 동시에 하도록 훈련하면 된다.

- "시장에 가면~" 놀이하기
- 4~7개 숫자를 순서 없이 불러주고 나서 순서대로 기억해서 말하도록 하기

- 몇 개의 낱말을 들려주고 나서, 잠시 다른 일(방해자극)을 하다가 처음 들었던 낱말 말하기
- 'ㄱ'이 초성에 들어간 글자와 다른 초성이 들어간 글자를 섞어서 불러주고 'ㄱ'이 초성에 들어간 글자만 기억하기

기억해서 그리기

느린 학습자들은 글자나 숫자, 연산의 규칙을 잘 기억해서 사용하지 못한다. 자신이 입력한 정보를 꺼내서(인출) 사용하는 데 어려움이 많다. 기억해서 그리는 활동은 학생 자신이 기억(입력)한 정보를 스스로 인출하는 능력을 향상할 수 있다.

기억해서 그리기를 위해서는 다양한 도구를 사용할 수 있는데. 초기 단계에는 복잡한 그림이나 글자를 기억해서 그리도록 하기보다는 '기억해서 색칠하기'와 같은 과제가 좋다. 시중에 나와 있는 '스피드컬러' 보드게임은 색이 칠해진 카드를 먼저 보여주고, 기억하여 똑같이 색을 칠하도록 하는 게임이다. 간단하지만 기억해야 할 색의 수가 6개이므로 느린 학습자들의 기억해서 색칠하는 훈련을 하는 데 적합하다. 조금 익숙해지면, 간단한 그림을 먼저 보여 주고 나서 기억하여 그리기를 해도 좋다.

- 스피드컬러 보드게임

- 간단한 그림 기억해서 그리기

패턴 모양 기억하기

칠교나 다양한 모양의 도형을 준비하여 간단한 모양을 만들어 보여주고 눈을 잠시 감도록 한 뒤, 기억하여 모양 맞추기를 해보도록 하자. 느린 학습자들은 앞서 설명한 것처럼 모양이나 방향에 대한 시공간적 개념 형성이 부족하므로, 패턴 모양을 기억하여 맞추도록 하는 과제를 수행하는 데 어려움을 겪을 수 있다. 처음에는 3조각 정도로 간단한 모양을 만들어서 기억하도록 하다가, 점차 5조각 정도로 모양을 기억하도록 해보면 좋다. 조각들의 상대적 위치나 방향에 대한 기억훈련은 글자 기억을 잘하도록 도움을 준다.

<패턴 모양 기억해서 맞추기>

손동작 기억하기

먼저 손가락으로 V 표시, 엄지 척, 엄지와 새끼손가락을 뿔처럼 들기, 손바닥 펼쳐서 들기 등 여러 가지 손동작을 만들어 몇 번 연습하고 기억하도록 한 뒤 본 활동에 들어가면 선생님이 여러 가지 손동작을 차례로 만들어서 학생에게 보여주고, 기억하여 차례로 손동작을 기억해서 해보도록 하는 것이다. 손동작 기억은 그림이나 글자 기억보다 어려운 과제일 수 있다. 우리에게 친숙한 '손'이라는 도구를 사용하기 때문에 오히려 각각의 동작이 비슷하다고 생각될 수 있어서 학생들이 기억하기 어려울 수 있다. 더군다나 느린 학습자들은 자신의 신체를 이용하는 능력이 또래보다 낮기 때문에 여러 손가락을 조절하여 동작을 만들기 어렵다고 느낄 수 있다. 하지만 신체조절과 기억과제를 동시에 사용함으로써 협응력과 기억력을 동시에 기를 수 있는 활동이다.

그림 카드 기억하기

그림 카드는 동물이든 사물이든 상관없이 기억을 위해 준비된 카드이면 된다. 카드를 5~7개 정도 늘어놓고 기억하도록 요구하면, 학생들은 자신의 능력에 맞는 정도의 기억수행을 하게 된다. 또래 아동의 평균 기억 수준이라고 할 수 있는 7개 카드를 외울 수 있을 때까지 수시로 연습해보자.

기억을 수행한다는 것은 학생들이 자신의 인지능력을 적극적으로 사용한다는 의미다. 무엇인가를 외우기 위해 집중하여 대상을 살펴보아야 하고, 자신의 머릿속에 담아놓기 위해 특별한 노력을 해야 하기 때문이다. 기억의 이 같은 과정이 어렵다고 느끼기 때문에 인지능력이 부족한 학생들은 대체로 기억하는 것을 어려워하고, 기억해야만 한다고 생각하면 머리가 아프고 깨질 것 같다고 느낀다. 기억하는 것을 거부하고 때로는 화를 낸다. 실제로 인지능력이 낮으면 "기억 안 난다."고 자주 말한다. 또한 "생각하기 귀찮다."라는 말을 자주 한다. 모두 기억의 어려움을 호소하는 것이다. 기억능력이 좋은 학생들도 과제가 복잡해 보이면 일단 기억하는 것을 거부하고 학습을 피하려고 한다. 따라서 기억에 대한 부담감을 버릴 수 있도록 자주 기억과제를 수행하여 연습하는 것이 좋다. 앞서 제시한 것처럼 보드게임이나 특정 놀이 활동을 통해서도 기억훈련을 할 수 있지만, 노래 가사나 동시 외우기 등의 과제도 즐겁게 할 수 있는 기억 활동이다.

학습장애는 작업기억, 경계선 지능은 기억하는 양

느린 학습자들은 모두 기억력이 부족하다. 하지만 학습장애 학생들은 한 번에 기억할 수 있는 양의 문제보다는 작업기억의 어려움이 크다. 작업기억은 자신이 어떤 과제를 수행하는 동안 꼭 기억해야 할 것들을 잊지 않는 능력을 말하는데, 작업기억 능력이 부족한 학생들은 자신이 어떤 과제를 수행하는 동안 자신이 무엇을 하려고 했는지 자주 잊어버린다. 그래서 문제를 잘 풀다가 삼천포로 빠져 이상한 답을 작성하는 경우가 생기게 된다. 작업기억능력이 부족한 학습장애 학생들을 위해 작업기억 수행력을 높이는 과제를 많이 연습해야 하지만, 효과적으로 기억을 유지할 수 있도록 '기억전략(memorial strategy)'을 가르치는 것도 좋다. 기억전략은 자신이 꼭 기억해야 하는 과제를 효과적으로 머릿속에 담기 위해 그림을 그려서 기억한다거나, 키워드를 이용해서 기억한다거나, 어딘가 메모장에 적어놓는다거나 하는 노력을 말한다. 학습장애 학생들이 자신에게 맞는 기억전략을 사용할 수 있도록 가르치도록 해야 한다.

경계선 지능 학생들도 작업기억 능력이 부족할 수 있다. 하지만 더 중요한 것은 한 번에 기억할 수 있는 기억의 양이 적다는 것이 더 큰 문제다. 기억의 양(memory capacity, memory span)은 단기기억의 용량을 의미한다. 단기기억의 용량이 적으면 공부하는 동안 많은 정보를 받아들이기 어렵고, 주의집중을 오래 유지하기도 어렵다. 단기기억의 용량을 높이기 위해 한 번에 기억할 수 있는 양을 높이는 연습을 자주 하는 것이 좋다. 그림 카드를 펼쳐서 외우도록 하고 나서, 카드를 치운 뒤 몇 장이나 기억하는지를 알아보는 훈련을 자주 해보자. 이때 한 번에 기억해야 하는 양을 정해 놓고 연습하면 효과적이다. 대개 5~7개 정도의 그림 카드를 외울 수 있다면 학습할 수 있는 기본 조건을 갖추었다고 볼 수 있다.

인지능력이 낮은 학생들은 대부분 기억능력이 낮다. 다시 말하자면 기억력이 좋은 학생이 인지능력이 낮기 어렵다. 그만큼 인지능력에서 기억이 차지하는 비중이 크다는 점을 인식하고 기억력을 다양하게 기르기 위해 노력하는 것이 필요하다.

모든 학습자는 학습의 제반 영역에서 서로 다른 특성을 나타낸다. 모든 학습자가 같은 영역을 잘하거나 같은 영역에서 어려움을 겪는 것이 아니다. 저마다 잘하는 것과 못하는 것이 서로 다르다.

기초학습이 부진한 학생들을 돕기 위해서는 학생들 각자가 무엇에서 어려움을 겪는지, 무엇에서 능력을 발휘하는지를 잘 파악하는 것이 우선시 된다. 이를 효과적으로 할 수 있도록 도와주는 것이 '학습능력 평가'이다.

이 장에서는 학습능력을 평가하는 도구를 이용하여 느린 학습자들의 어려움을 파악하는 방법과 평가 결과를 토대로 어떻게 학습 계획을 세워야 하는지를 알아보자.

PART 4

학습능력평가로
느린 학습자 파악하기

느린 학습자들의 기초학습지도 중요성

느린 학습자들은 대체로 기초학습능력이 부족하다. 여기서 기초학습능력이란 읽기와 쓰기, 독해와 수계산 능력을 말한다. 기초학습능력은 지식을 익히고 배우는 데 꼭 필요한 도구가 되는 학습능력이다. 기초학습능력을 제대로 갖추지 못한다면, 살면서 접하게 되는 다양한 지식과 경험을 받아들여 자신의 것으로 학습하는 데 많은 제약이 따르게 된다. 이러한 기본 능력이 없다고 해서 무엇인가를 배우는 것이 불가능한 건 아니다. 하지만 살아가면서 접하는 많은 정보와 지식, 경험은 읽기와 쓰기, 간단한 계산 능력이 있어야 하는 경우가 많다. 그렇기 때문에 학교에서는 읽기와 쓰기, 계산하는 능력을 가장 먼저 가르치는 것이다. 기초학습도구로서 읽기와 쓰기, 계산능력이 갖추어져야, 고학년으로 갈수록 배우게 되는 다양한 지식과 경험을 습득하기 수월해진다.

느린 학습자들은 초등 저학년 시기에 누구나 획득하는 기초학습능력을 습득하지 못해 오랫동안 기초학습부진 학생으로 분류되는 경우가 많다. 학교에서는 또래 학생들에게 크게 뒤처지는 학생들을 돕기 위해 특별한 노력을 기울인다. 담임교사가 방과 후에 아이들을 위한 '특별지도'를 하게 되는데, 이때는 수업 중 따라가지 못한 내용, 기초 글자 읽기와 쓰기 같은 능력을 일대일로 지도하게 된다.

이때 어떤 학생은 담임교사 덕분에 기초학습능력을 획득하게 되지만, 적절한 방법을 찾지 못하게 되면 담임교사의 노고에도 불구하고 학생의 기초학습능력은 좀처럼 나아지지 않는다. 교사와 학생들을 돕기 위해 교육청에서는 기초학습지도 전담 파견 전문가를 양성하여 각 학교로 보내기도 한다. 파견된 학습지도 선생님은 학교의 요청에 따라 각 학생에게 맞춤형 기초학습지도를 한다.

이때 적절한 기초학습지도를 받은 학생은 큰 성장을 보이지만, 그렇지 않은 학생들은 인지능력과 언어능력을 전문으로 지도하는 발달센터나 교육연구소에 다니게 되기도 한다. 중요한 점은 방과 후 지도를 하든, 학습지도 전문가의 도움을 받든 가정에서 부모가 연계하여 기초학습지도를 해주는 경우에는 진전도가 크지만, 부모는 무관심하고 교사나 전문기관에만 맡기는 경우에는 진전도가 나타나지 않거나 큰 성과를 얻지 못한다는 점이다. 교사와 전문가가 애를 쓸 때 부모도 관심과 애정으로 학생을 지도해준다면 학생의 성장은 기대 이상으로 좋아지는 경우도 많기 때문이다. 학생에게 적합한 학습지도방법을 찾아서 지도해야 하는 책임은 학교뿐 아니라 부모에게도 있다. 자녀가 기초학습기술(읽기, 쓰기, 기초수학 등)을 익히지 못해 힘들어 한다면 부모가 직접 가정에서 지속적으로 지도해야 한다.

왜 우리는 학생들에게 기초학습능력을 지도하기 위해 이토록 애를 쓰는 걸까?

교육 측면

학생들이 다양한 교육의 기회에서 소외되지 않도록 돕기 위함이다. 기초학습능력이 부족한 학생들은 매일매일 반복되는 학교 수업 시간에 교사가 전달하는 다양한 내용을 이해하거나 자기 생각과 연관 지어 학습해 내기 어렵다. 그렇게 되면 학생들은 수업 시간에 흥미를 잃고 그저 멍하게 시간을 허비하면서 지나가게 된다. 수업 시간에 다른 생각을 하거나, 엎드려 잠을 자거나, 다른 친구들의 수업 집중을 방해하는 장난을 치면서 보내게 된다. 그러면 학생 본인뿐만 아니라 다른 친구들도 방해를 받게 되며, 모든 학생을 고르게 이끌어야 하는 교사 입장에서도 어느 학생에게 수업 수준을 맞추어야 할지 난감해진다. 즉 모두에게 도움이 되지 않는다. 교사가 학생들을 위해 밤새워 만든 수업 내용에서 모든 학생이 소외감 없이 열중하기 위해서는 우선 기초학습능력이 다져질 필요가 있다.

실생활 측면

기초학습능력에 포함된 글자를 읽고 쓰는 능력과 여러 문장으로 이루어진 글을 읽고 내용을 이해하는 능력이 부족하다면, 우리 주변에 있는 다양한 정보를 습득할 기회가 적어지고, 스스로 인지적 성장을 해나갈 수 있는 방법을 갖기 어려울 수 있다. 물론 글자를 통해서만 지식을 얻는 것은 아니다. 대화로도 얼마든지 지식을 쌓을 수 있지만, 이 또한 학생 본인이 주변 사람들과의 대화를 통해 무엇인가를 배우겠다는 의지가 있을 때나 가능한 일이므로 글자를 모르고 배움을 확장해 나가기는 매우 힘들다. 또한 글자로 전달되는 필수 정보(알림장, 안내문, 은행 약관, 약품 설명서 등)를 읽을 수 없다면 필요한 활동에 참여하기 어렵거나, 은행 거래 등 경제생활을 하기 어려울 수 있다.

인지발달 측면

보통 인지능력 하면 지각능력, 주의집중능력, 기억능력, 추리능력 등을 말하지만, 읽기와 쓰기, 독해와 수계산 능력도 또한 주요 인지 영역 중 하나다. 읽기와 쓰기, 독해와 수 계산 능력을 인지발달 분야에서는 기초학습기술(learning skill)이라고 하며, 주요 인지 영역으로 분류한다. 기초학습기술은 주의력이나 기억력과 마찬가지로 우리가 살면서 접하게 되는 모든 해결과제에서 필수로 요구되는 기능이다. 기초학습기술을 사용하지 않고서는 그 어떤 과제(숙제, 보고서 작성, 안내문 작성, 길 찾아가기, 요리하기 등)도 제대로 해낼 수 없다.

심리 측면

기초학습능력이 부족한 학생들은 자신이 공부를 못한다는 사실을 인지하고 쉽게 위축되는 경향이 있다. 물론 공부를 잘하지 못해도 기죽지 않는 학생들도 있어서 공부를 못하는 것이 위축의 원인이라고 단정 짓기는 어렵지만, 공부를 잘하고 싶은데 잘 못 하는 걸 깨달았을 때 스스로 위축되는 마음이 드는 건 사실이다. 게다가 기초학습능력을 습득하는 데 어려움을 겪는 느린 학습자를 이해하지 못하는 몇몇 사람들은 그들을 조롱하기도 한다.

가정에서 느린 학습자를 가르치는 부모들도 "어떻게 이렇게 모를 수가 있나?"라며 감정이 폭발하는 경우도 있다. 가장 가까운 위안처인 부모로부터 심리적 상처를 받는 느린 학습자들도 적지 않다. 학생 본인이 원해서 학습 속도가 느린 것도 아닌데, 주변 사람들은 느린 학습자들이 일부러 공부를 멀리하고 이해하지 않으려고 하는 것처럼 비난하면서 상처를 준다. 단순히 학습에서만 어려움을 겪는 것이 아니라 대인관계에서 상처를 받아 사회성 저하가 나타나거나 정서 불안정이 심각한 상태로 나아갈 수 있다. 오랫동안 이 과정이 지속되면서 느린 학습자들은 주변 사람들에 대해 신뢰감을 형성하지 못하고 스스로 잘 해낼 수 있는 것이 아무것도 없다고 생각하여 깊은 무기력이나 사회적 철회(외톨이)를 하게 될 수도 있다.

느린 학습자들은 충분히 기초학습능력을 또래 수준으로 향상시킬 수 있다. 조금 더 자주, 조금 더 마음 편한 방법으로 지도한다면 학생들은 아주 앞서가는 학생이 되기는 어렵지만, 어느 정도 학습을 꾸준히 하는 학생이 되도록 도와줄 수 있다.

느린 학습자들을 위한 기초학습지도를 위해서는 기본적으로 학생에 대해 정확한 평가를 해야 하며, 이를 토대로 학습계획을 짜야 한다. 정확한 평가를 위해서는 기초학습기술을 구성하는 다양한 하위영역들을 구분하고, 영역별로 어느 정도의 습득력을 나타내고 있는지를 확인해야 한다. 이러한 결과들은 특별히 돕지 않아도 시간이 흐름에 따라 능숙해질 수 있는 영역과 누군가가 돕지 않으면 스스로 능숙해지기 어려운 영역을 보여줄 것이다. 스스로 능숙해지기 어렵다고 생각되는 하위영역은 그것이 왜 수준에 도달하지 못하였는지를 이해하고 적절한 교육 환경을 제공하거나 교사나 부모의 직접적인 지도를 통해 또래와 같은 수준에 이를 수 있도록 도와주어야 한다. 기초학습능력의 향상은 앞으로 나타날 학습격차를 좁히는 가장 좋은 방법이다.

느린 학습자들의 기초학습능력평가

기초학습능력은 여러 영역을 포함한다. 크게 읽기와 쓰기, 독해와 기초연산 혹은 기초 수학의 영역으로 나눌 수 있다. 이들 영역을 세부 영역으로 구분하면 다음과 같다.

구분	세부 영역
읽기 영역	문자 읽기, 어휘, 문장이해
쓰기 영역	글쓰기를 위한 선 그리기, 글자 변별과 기억, 낱글자 쓰기와 낱말 쓰기, 문장쓰기, 문법에 맞게 쓰기, 논리적으로 쓰기
기초 수학 영역	기초 수 감각, 수 세기, 덧셈과 뺄셈, 곱셈과 나눗셈

기초학습능력은 학생마다 개인차가 심하다. 이 말은 학생 개인마다 비교적 잘하는 영역과 어려워하는 영역이 다르므로 각 학생의 기초학습능력에 대하여 획일적으로 이렇다고 말하기 어렵다는 얘기다. 어떤 학생은 읽기는 어려워하지만, 수학을 잘할 수 있고, 또 다른 학생은 쓰기는 어려워해

도 읽기와 독해를 잘할 수 있다. 같은 쓰기 영역에서도 문법에 맞게 쓰는 것은 어렵지만, 자기 생각을 다양하게 표현하는 것을 잘하는 학생들도 있다. 따라서 기초학습지도를 하기 위해서는 학생들이 저마다 어떤 부분에서 어려움을 나타내는지를 먼저 분석해야 한다. 분석한 자료를 토대로 학생들을 위한 학습계획을 개별적으로 짜서 지도해야 한다.

서로 다른 개인차를 보이는 학생들에게 기초학습지도를 하기 위해서는 기초학습능력을 세부적으로 평가하는 것이 필요하다. 읽기 영역을 세분화하여 평가해야 하며, 읽기 능력과 분리하여 따로 독해능력을 평가해야 한다. 또한 쓰기 영역을 세분화하여 학생이 어느 부분은 숙달되었고, 어느 부분은 미숙한지를 평가해야 한다. 기초수학 영역도 마찬가지다. 수 이해가 어려운지 수 계산이 어려운지를 세부적으로 나누어 평가해야 한다. 이러한 세부 평가를 하는 데 유용한 도구들이 '학습평가 도구'들이다.

느린 학습자들의 기초학습능력을 객관적으로 평가하기 위해서는 가르치는 교사가 나름의 교과서를 가지고 이것저것 평가해볼 수 있겠지만, 그보다는 표준화된 학습능력 평가 도구를 이용하는 것이 좋다. 시중에서 구매할 수 있는 표준화 검사에는 RA-RCP 읽기 성취 및 읽기 인지처리능력 검사, WA-WCP 쓰기 성취 및 쓰기 인지처리능력 검사, 초등 저학년을 위한 초기 문해력 검사, BASA 검사 시리즈 등이 있어서 검사와 관련된 연수를 받으신 분들은 직접 실시해볼 수 있다.

하지만 실제 학교 교사나 가정의 부모들이 기초학습평가도구를 사서 시행하기는 어려울 수 있다. 어디서 학습능력을 평가해주는지, 비용은 얼마나 드는지 등 일일이 찾아서 우리 아이를 위한 전문적 평가나 도움을 받는 것이 쉽지 않기 때문이다. 그래서 이 책에서는 가정이나 학교에서 쉽게 학생들을 평가해볼 수 있도록 국립특수교육원(2007)의 KNISE-BAAT의 평가 영역들을 수정 및 보완해서 느린 학습자들을 위한 기초학습평가 항목들을 소개하려 한다.

현재 KNISE-BAAT은 절판된 이후 후속 개정되어 NISE-B·ACT 기초학습능력검사로 업그레이드 출간되었다. 하지만 교사와 부모가 쉽게 적용하기에는 이전 KNISE-BAAT의 평가항목들이 유용하다고 생각되어 이를 근거로 하였으며, 치료실에서 학생들을 지도하면서 꼭 필요하다고 생각되는 문항들로만 선별하여 제시하였다. 필요하다고 생각되는 경우에는 전문기관에서 NISE-B·ACT를 검사하도록 하거나, 앞서 제시한 BASA 검사 등을 통해 도움을 받을 수 있다.

다음에서 소개하는 항목들은 초등학교 저학년 시기까지 도달해야 하는 기초 학습영역을 다루고 있다. 각 문항에 비추어 우리 아이가 어느 항목은 도달해 있고, 어느 항목은 도달해 있지 않은지를 체크해보면 좋겠다.

평가 영역	평가 문항	도달	미도달
글자 읽기에 앞서 발달해야 할 인지기능	도형의 모양(원, 세모, 네모 등)을 구별할 수 있는가?		
	불러주는 소리를 듣고 낱글자를 찾을 수 있는가?		
	불러주는 소리를 듣고 낱말을 찾을 수 있는가?		
소리 내어 읽기 능력	낱글자 읽기를 할 수 있는가?		
	낱말 읽기(2~3음절)를 할 수 있는가?		
	유창한 속도로 문장 읽기를 할 수 있는가?		
독해 능력	반대말, 비슷한 말, 유추, 존대어, 낱말의 위계, 수량단위, 존대어를 아는가?		
	그림의 내용과 어울리는 문장을 찾을 수 있는가?		
	시제일치, 호응관계, 접속사의 의미를 파악하고 적절한 어휘를 선택할 수 있는가?		
	섞여 있는 낱말들을 올바른 순서로 문장을 구성하여 배열할 수 있는가?		
	(짧은 글 이해) 문장을 읽고 사실, 느낌, 의견을 구분할 수 있는가?		
	비유나 상징적 표현을 이해할 수 있는가?		
	글을 읽고 주제를 찾을 수 있는가?		
	자주 사용하는 속담을 듣고 이해할 수 있는가?		
	글의 내용을 통해 어떤 결과가 올지 유추할 수 있는가?		
	글의 내용에 대하여 자신의 의견을 담아 비판할 수 있는가?		
쓰기를 가르치기 전에 배워야 하는 기능	사물, 숫자, 기호, 문자의 모양을 보고 구별할 수 있는가?		
	수평선, 수직선, 사선 등 줄긋기를 할 수 있는가?		
	원, 세모, 네모 도형 그리기를 할 수 있는가?		
	글자를 보고 똑같이 따라 쓸 수 있는가?		
	자신의 이름을 쓸 수 있는가?		
표기 능력	낱재(한 글자) 쓰기를 할 수 있는가?		
	낱말을 보고 쓸 수 있는가?		
	맞춤법에 맞추어 쓸 수 있는가?		
	받아쓰기를 80% 이상 잘할 수 있는가?		
	띄어쓰기를 틀리지 않고 할 수 있는가?		
	문장부호를 틀리지 않고 사용할 수 있는가?		

평가 영역	평가 문항	도달	미도달
어휘 구사력	주어진 낱말을 사용하여 짧은 글짓기를 할 수 있는가?		
	주어진 두 낱말의 뜻을 구분하여 짧은 글짓기를 할 수 있는가?		
	주어진 낱말을 보고 연상되는 낱말을 7개 이상 쓸 수 있는가?		
	문장을 읽고 빠진 낱말을 생각하여 쓸 수 있는가?		
문장 구사력	섞여 있는 낱말들을 순서대로 배열하여 쓸 수 있는가?		
	그림을 보고 여러 가지 형태의 문장들을 만들 수 있는가?		
	문장구성이 잘못된 것을 고칠 수 있는가?		
	의문문, 청유문, 명령문, 감탄문을 쓸 수 있는가?		
글 구성력	그림을 순서대로 나열하여 이야기를 만들어 쓸 수 있는가?		
	들려주는 글의 내용을 한 문장으로 요약하여 쓸 수 있는가?		
	그림을 보거나 들려주는 글을 듣고 인과관계, 닮은 점, 추론한 내용 등을 쓸 수 있는가?		
수	0~20까지 수 세기를 할 수 있는가?		
	0~100 이상의 수 세기를 할 수 있는가?		
	수의 크기를 비교할 수 있는가?		
	10의 보수를 이해하고 말할 수 있는가?		
	0~100까지 수를 이용하여 덧셈을 할 수 있는가?		
	0~100까지 수를 이용하여 뺄셈을 할 수 있는가?		
	듣고 암산으로 덧셈을 할 수 있는가?		
	듣고 암산으로 뺄셈을 할 수 있는가?		
	듣고 암산으로 곱셈을 할 수 있는가?		
	분모가 같은 분수의 덧셈과 뺄셈을 할 수 있는가?		
	분모가 다른 분수의 덧셈과 뺄셈을 할 수 있는가?		
	크기가 큰 분수의 계산을 할 수 있는가?		
	소수의 크기를 비교할 수 있는가?		
	소수의 덧셈과 뺄셈을 할 수 있는가?		
	소수의 곱셈과 나눗셈을 할 수 있는가?		
도형	평면도형의 이름을 아는가?		
	평면도형의 각 부분의 이름을 아는가?		
	입체도형의 이름을 아는가?		

평가 영역	평가 문항	도달	미도달
측정	길이와 각도를 잴 수 있는가?		
	평면도형의 넓이를 구할 수 있는가?		
	무게, 부피의 개념을 아는가?		
	시간을 읽을 수 있는가?		
	화폐의 종류와 크기를 아는가?		
	시간을 계산할 수 있는가?		
	물건값을 계산할 수 있는가?		
	물건의 양을 어림잡아 말할 수 있는가?		

위 평가 항목들은 간단하게 체크해볼 수 있는 기초학습영역을 소개한 것이다. 학생들이 부족하다고 체크한 부분을 집중적으로 가르쳐 능숙하게 될 때까지 도와야 한다.

만약 전문적으로 평가하고 싶다면, 각 교육청 학습클리닉센터나 특수교육지원센터, 해당 지역의 여러 상담 기관 등에 직접 문의를 해봐야 한다. 모든 곳이 기초학습능력평가를 하는 것도 아니고, 학습클리닉센터나 특수교육지원센터에서 받고 싶다고 누구나 받을 수 있는 것이 아닐 수 있으므로 미리 전화해서 상담을 받아보자.

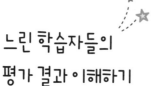

느린 학습자들의
평가 결과 이해하기

　　기초학습능력을 표준화 도구로 평가하게 되면 학생에 대한 상세 정보를 얻을 수 있을뿐더러, 결과를 보면서 학생에게 부족한 점이 무엇인지를 체크해 지도의 근거로 삼을 수 있다.

　　KNISE-BAAT의 결과를 살펴보는 방법은 각 표의 환산 점수와 백분위 점수를 확인하는 것이다. 먼저 환산 점수를 보자. 환산 점수는 20점 만점에 10점이 평균이다. 그러므로 10점 이상의 점수를 받았다면 소 검사 영역에 어느 정도 숙달되었음을 나타낸다. 하지만 이 또한 또래들과 비교했을 때 50% 수준을 의미하는 것이므로 완벽하게 도달했다기보다는 어느 정도(50%) 습득한 것으로 이해하는 것이 좋다. 기초학습능력의 경우에 50% 정도의 수준에서는 완전히 능숙하다고 보기는 어렵다. 그래도 70~100% 이상은 되어야 문제를 풀 때 틀리지 않고 답을 하는구나, 하는 정도가 된다. 따라서 환산 점수가 10점 이상인지도 보아야 하지만, 백분위 점수에서 어느 정도 위치인지를 살펴봐야 한다.

<KNISE-BAAT의 사례>

아래의 표는 기초학습능력이 부족한 초등학교 5학년 학생의 기초학습
능력 평가 결과다. 환산 점수는 10점이 평균이고 20점이 만점이므로, 평균
인 10점에 도달하였는지를 살펴보면 된다. 또한 환산 점수가 10점에 도달
했더라도 백분위 점수가 현저히 낮은 점수(50점 미만)를 나타내고 있다면,
이 영역 또한 좀 더 능숙하게 사용할 수 있도록 지도해야 할 영역이다.

검사 영역		원점수	백분위 점수	환산 점수
선수 기능			100	10
음독 능력		25	100	17
독해 능력	낱말이해	16	80	12
	문장 완성	8	58	10
	어휘 선택	7	13	7
	문장배열	8	30	9
	짧은 글 이해	4	7	5
합계		68	87	70

읽기 검사 결과표

위 〈읽기 검사 결과표〉는 학생의 문자읽기와 독해능력을 평가한 결과다. 이 학생은 문자읽기는 어느 정도 할 수 있지만, 문장에 어울리는 낱말을 찾아내거나(어휘), 짧은 문장의 글의 내용을 읽고 내용을 이해하는 것(짧은 글 이해)이 매우 부족하다. 초등학교 5학년이라는 점을 생각해보면, 여러 학습영역에서 내용을 이해하는 데 어려움이 클 것으로 예상된다.

검사 영역	원점수	백분위 점수	환산 점수
선수 기능		100	10
표기 기능	10	1	10
어휘 구사력	13	9	5
문장 구사력	13	15	7
글 구성력	5	7	5
합계	41	10	37

쓰기 검사 결과표

위 〈쓰기 검사 결과표〉는 앞서 읽기 능력을 살펴보았던 초등학교 5학년 학생의 쓰기영역을 평가한 결과다. 이 학생은 어휘 구사력과 문장 구사력, 글 구성력이 매우 낮은 점수를 나타내고 있다. 또한 표기 기능(글자를 쓰는 능력)도 환산 점수가 10점으로 어느 정도 기능 수준에 도달했지만, 백분위 점수를 살펴보면 또래보다 현저히 낮은 수준(하위 1%)이라는 것을 알 수 있다. 이 학생은 글자를 쓰는 데 어려움이 크고, 전반적으로 쓰기 능력이 매우 부족하다. 초등학교 5학년임에도 글씨를 쓰고 자기 생각을 글로 옮기는 능력이 이토록 낮아서는 자신이 알고 있고 생각하는 바를 충분히 드러낼 수 없다.

앞서 살펴본 읽기 능력에 비해 현저히 낮은 쓰기 능력을 보이는 이 학생은 실제로 가진 능력에 비해 표현하는 능력(쓰기)이 훨씬 낮아서 교사나 부모는 이 학생의 능력을 실제보다 낮게 평가할 가능성이 많다. 쓰기 및 글로 표현하는 능력을 길러서 학생이 가지고 있는 능력을 충분히 드러낼 수 있도록 돕는 편이 시급하다.

검사 영역	원점수	백분위 점수	환산 점수
수	33	89	13
도형	14	59	11
연산	60	64	10
측정	34	55	11
확률과 통계	5	59	10
문제해결	2	15	6
합계	148	63	61

수학 검사 결과표

위의 〈수학 검사 결과표〉는 같은 학생의 수학능력을 평가한 결과다. 학생의 수학능력은 전반적으로 우수하지는 않지만, 어느 정도 기능을 하고 있다. 대부분의 영역에서 환산 점수가 10점 이상이고 백분위 점수도 50점

이상이기 때문이다. 하지만 문제해결 영역은 환산 점수 6점이고, 백분위 점수도 15점으로 현저히 낮은 점수를 나타내고 있어 문장제 문제를 잘 풀지 못하는 것으로 나타났다. 이는 앞서 독해능력에서 짧은 글을 읽고 이해하는 능력이 부족하였던 점과 연결되어 있을 것으로 생각돼, 글을 읽고 이해하는 능력과 문장제 수학 문제를 풀이하는 전략 및 절차에 대한 지식을 지도한다면 좀 더 나은 능력으로 향상될 수 있다.

이 학생의 영역별 평가내용을 정리하면 다음 표와 같다. 표의 세부항목을 참고하여 학습지도 계획을 세우면 좋겠다.

구분	평가영역	평가내용	지도가 필요한 영역
읽기	선수 기능	도형 변별, 낱자 변별, 낱말 변별	
	음독 능력	낱자 읽기, 낱말 읽기(2~3음절), 문장 읽기	
	독해	(낱말이해) 반대말, 비슷한 말, 유추, 존대어, 낱말의 위계, 수량 단위, 존대어	
		(문장 완성) 그림 보고 문장 완성하기, 문장 완성하기	
		(어휘 선택) 시제일치, 호응관계, 접속사의 의미를 파악하고 적절한 어휘 선택하기	V
		(어휘배열) 문장을 구성하여 배열하기	V
		(짧은 글 이해) 문장 읽고 사실, 느낌, 의견 구분하기, 비유나 상징 이해하기, 주제 찾기, 속담 이해하기, 결과 유추하기, 비판하기	V

구분	평가영역	평가내용	지도가 필요한 영역
쓰기	선수 기능	사물, 숫자, 기호, 문자 변별하기	
		줄긋기, 도형 그리기	
		글자 보고 쓰기	
		자기 이름 쓰기	
	표기 능력	낱자 쓰기	
		낱말 쓰기	
		맞춤법에 맞추어 쓰기	V
		받아쓰기	
		띄어쓰기	V
		문장부호 사용하기	V
	어휘 구사력	주어진 낱말을 사용하여 짧은 글짓기	V
		주어진 두 낱말의 뜻을 구분하여 짧은 글짓기	V
		주어진 낱말을 보고 연상되는 낱말 쓰기	V
		주어진 문장 속에 알맞은 낱말 쓰기	V
	문장 구사력	주어진 낱말들을 순서대로 배열하기	V
		그림을 보고 다른 형태의 문장들을 만들기	V
		문장 구성이 잘못된 부분 고치기	V
		의문문, 청유문, 명령문, 감탄문 쓰기	V
	글 구성력	그림을 순서대로 나열하여 이야기 만들기	V
		들려주는 글의 내용을 한 문장으로 요약하여 쓰기	V
		그림을 보거나 들려주는 글을 듣고 인과관계, 닮은 점, 추론한 것 등을 쓰기	V

구분	평가영역	평가내용	지도가 필요한 영역
수학	수	수 세기, 수 이해, 수 개념	
		분수, 소수	
		비와 백분율	
	도형	공간 감각, 평면도형, 입체도형	
	연산	개념, 자연수, 분수와 소수의 덧셈	
		개념, 자연수, 분수와 소수의 뺄셈	
		개념, 자연수, 분수와 소수의 곱셈	
		개념, 자연수, 분수와 소수의 나눗셈	
		듣고 암산하기(자연수, 분수, 소수)	
	측정	(측정) 길이와 각도, 넓이, 무게, 부피와 들이	
		(시간과 화폐) 기초개념, 시간과 달력, 금액, 물 건값	
		(어림) 수 측정, 계산	
	확률과 통계	표와 차트, 그래프, 경우의 수, 확률	
	문제해결	간단한 문제해결, 복잡한 문제해결, 해결 문제의 이해와 전략	V

표에 나타난 결과를 정리하면 다음과 같다.

- 문법에 맞게 글을 구성하는 데 어려움이 크다(시제, 접속사, 주어–술부의 호응 관계 등).
- 문장의 어순을 적절하게 배열하는 데 어려움이 크다.
- 두 문장 이상으로 구성된 짧은 문단을 읽고 이해하기 어렵다.
- 글을 읽고 다음에 어떤 내용이 올지 예측하기 어렵다.
- 글을 읽고 자신의 의견을 말하기 어렵다.

- 맞춤법을 틀리지 않고 낱말을 쓰기 어렵다.

- 문장부호의 사용을 잘 모른다.

- 자기 생각을 문장으로 쓰기 어렵다.

- 어떤 낱말을 듣고 관련되는 낱말이나 상황을 떠올리기 어렵다.

- 문장에 어울리는 낱말을 생각하여 쓰기 어렵다.

- 그림이나 상황을 보고 같은 의미를 지닌 여러 유형의 문장을 만들기 어렵다.

- 문장의 유형에 맞게 글을 쓰기 어렵다(의문문, 청유문, 명령문, 감탄문 등).

- 그림의 순서를 올바르게 나열하고 이야기를 만들어 쓰기 어렵다.

- 그림을 보거나 글을 읽고 나서 비슷한 상황과 관련짓기 어렵다.

- 전반적으로 수학능력에서는 어려움을 보이지 않으나, 글 이해와 관련된 문장제 수학에서 어려움을 나타낸다.

이 학생은 독해 영역의 세부 영역과 쓰기 영역의 세부 영역을 집중하여 지도해야 한다. 특히 독해 영역에서 어휘 지식과 문법적 지식이 다소 부족한 것으로 평가됐다. 다양한 어휘를 습득할 수 있도록 시중에 나와 있는 어휘력 향상을 위한 보충학습지를 꾸준히 풀도록 해야 하고, 책을 읽기 전에 사전에 배경 정보나 필요한 어휘의 뜻을 충분히 숙지할 수 있게 독해 프로그램을 구성해야 한다.

쓰기의 경우 맞춤법 바르게 쓰기, 한 문장 만들기, 다양한 형태의 문장 만들기, 글짓기 등 다양한 부분에서 어려움을 보이고 있으므로 집중적으로 쓰기 지도를 하는 것이 필요하다. 만일 글씨를 쓰는데 필요한 소근육 협응 및 조절력이 부족하다고 생각된다면, 컴퓨터 키보드를 두드리도록 하여 맞춤법을 익히거나, 글쓰기를 지도하는 것도 효과적이다. 하지만 학교생활을 하는 동안에는 손글씨를 쓰는 것이 필수 과정이므로 어느 정도 능숙한 글쓰기를 연습하는 것이 필요하다.

글씨 쓰기를 지도할 때는 바르게 쓰는 것보다 '알아볼 수 있게 쓰는 것'이 중요함을 알도록 해야 한다. 글씨 모양이 들쭉날쭉하더라도 읽는 사람이 알아볼 수 있도록 썼다면 그대로 인정해주는 것이 어느 정도 필요하다. 물론 처음으로 글씨 쓰기를 배우는 초등학교 저학년 단계라면 글씨를 쓰는 순서를 기억하도록 하는 편이 더 도움이 된다. 하지만 초등학교 고학년의 경우에는 글씨의 쓰기 순서나 바른 모양에 집중하기보다는 다른 사람들이 알아볼 수 있게 글씨를 쓰는 것이 더 중요하다는 것을 깨닫게 해야한다.

학습평가는 학습장애 혹은 다른 어떤 진단명을 확인하고자 실시하는 검사가 아니다. 오직 학생들에게 어떤 학습영역에서 지도를 집중적으로 해야 하는지를 알아보고자 시행하는 것이다. 여기에서는 KNISE-BAAT의 사례를 보여주었지만, 학생들의 학습능력을 세부적으로 살펴볼 수 있는 다양한 검사들이 있으므로, 어떤 검사를 하든 크게 문제 되지 않는다. 학생지도의 근거로 삼을 수 있는 다양한 검사를 하거나, 검사하지 않더라도 앞에서 제시한 표를 근거로 우리 학생이 어느 영역에서 부족한지를 살펴보자.

학습지도는 핀셋으로 골라내듯 필요한 영역을 콕 짚어서 지도하는 것이 훨씬 도움이 된다. 학생들이 공부를 어려워한다고 모든 영역을 어려워하는 것은 아니기 때문에 앞서 예시로 들었던 학생처럼 특정 영역에서 어려움을 보인다면 이 부분을 집중하여 지도하는 것이 좋다.

사실 오랫동안 교육 현장에서 일해오신 교사들은 학생들을 거창하게 평가하지 않아도 무엇이 부족한지를 알 수 있다. 그래서 부모들은 교사의 조언을 듣고 학습지도를 하는 것도 하나의 방법이 될 수 있다. 하지만 교사 입장에서도 구체적으로 설명하기 어려운 학생들이 분명히 있고, 교사의 설명을 들어도 어떻게 지도해야 할지 갈피를 못 잡는 부모님들도 계신다. 이럴 땐 자녀에게 학습평가를 받아보게 하거나, 학습 영역을 구체화해 놓은 표를 참고하여 자녀의 학습 고충을 연구하는 자세가 필요하다. 이는 체계적인 지도를 위해 선행되어야 할 노력이다.

느린 학습자들의 한글 지도가 너무나도 어렵다고 호소하시는 선생님들을 많이 만나왔다. 한 선생님은 어떻게든 학생이 한글을 깨우치게 하고 싶어서 개인 시간을 할애하여 한 학기 내내 지도했지만, 도저히 안 될 것 같다는 좌절감이 든다고 하셨다. 또 학생의 장래를 생각하면 다른 건 몰라도 한글은 떼야 하지 않겠는가, 하는 생각이 들면서도 한글 지도만 하지 않는다면 그 학생에게 좋은 얼굴로 친절하게 대할 수 있을 것 같다고.

나는 지적장애 2급 정도의 학생들이 한글 읽고 쓰기를 아주 잘하는 것을 보아왔다. 느린 학습자들이 한글을 배우기 어려운 이유는 효과적인 지도 방법의 문제와 꾸준한 연습의 부족 때문이다. 학생에게 적합한 방법과 수준을 고려한 지도가 선행돼야 하지만, 가정에서도 이를 반복해서 연습할 수 있도록 도와주어야 한다. 학교와 가정의 노력이 함께 어우러지지 않으면 좀처럼 한글을 지도하기 어렵다.

이번 장에서는 느린 학습자에게 효과적으로 한글 지도하는 방법에 관해 안내한다. 이 방법을 학교와 가정에서 연계성 있게 꾸준히 지도한다면 반드시 느린 학습자가 한글을 뗄 수 있다고 확신한다.

PART 5

느린 학습자에게
효과적인 한글 지도법

한글 지도의 원리

학생들에게 한글을 지도하는 여러 선생님을 보면, 어쩜 저렇게 재미있게 가르칠 수 있을까 싶을 정도로 다양하고 흥미로운 방법을 사용하신다. 노래도 부르고, 낚시 놀이도 하고, 볼링 핀도 치고, 딱지치기도 하면서 학생들에게 한글을 쉽고 재미있게 지도하기 위해 노력하신다. 한글을 가르치기 위해서는 가르치는 방법이 가장 중요하다고 생각하기 때문이다. 지금도 수많은 선생님들이 학생의 흥미와 이해력 그리고 기억력을 높이는 방법을 총동원하여 한글을 지도하기 위해 애쓰고 있다.

느린 학습자들에게도 효과적인 한글 지도 방법이 요구된다. 알다시피 느린 학습자들은 또래 학생들보다 학습하는 속도가 느리다. 배운 내용을 이해하는 속도가 느리고, 배운 내용을 기억하기 어렵다는 말이다. 학습 효과를 더 크게 하여 학습 속도를 더 빠르게 하기 위해서는 학생들이 잘 이해하고 잘 기억할 수 있는 방법을 가르치는 사람이 알고 있어야 한다. 물론 배움의 큰 그림에는 빠르고 느림이 그리 중요하지 않다. 하지만 한글을 읽고 쓰는 능력만큼은 초등 저학년(초등 3학년)을 마치기 전에 일정한 수준에 도달하는 것이 필요하다. 그래야 또래들과 발맞춰서 이후의 학습을 진행할 수 있기 때문이다.

그렇다면 어떠한 방법으로 느린 학습자를 가르치는 것이 효과적일까?

한글 지도의 가장 큰 흐름인 두 가지 지도법을 이해하는 것이 필요하다. 대표적인 한글 지도법으로는 '총체적 언어학습법(Whole Language Approach)'과 '발음중심교육법(phonics instruction)'이 있다. 시대에 따라 더 나은 한글 지도 방법이라고 서로 경쟁 구도를 달렸지만, 현재는 두 가지 지도법을 균형 있게 사용하는 것이 필요하다고 인식된다.

2가지 문자 지도 방법

한글을 지도하는 첫 번째 방법은 '총체적 언어학습법(Whole Language Approach)'이다. 일명 통 글자를 배우도록 하는 방법이다. 총체적 언어학습법은 문자를 배울 때 먼저 자음과 모음을 배우고, 그다음 단계로 자음과 모음의 조합을 배우고 나서, 차례로는 낱글자나 낱말을 배우도록 하는 전통 방법에 대한 반발로 생겨난 지도법이다. 글자를 쪼개서 지도하는 방법에 대하여 많은 학생이 지루해하고 힘들어한다는 걸 발견한 많은 교육학자가 일상생활에서 쉽게 접하는 통 글자로 지도하는 방법이 효과적이라고 주장하면서 인기를 끌었다.

통 글자 중심의 지도 방법은 학생들이 자음과 모음을 익히는 괴로운 학습 과정에서 벗어나 친숙한 낱말을 배우는 과정을 통해 문자 학습의 즐거움을 깨닫게 하고, 호기심과 자발성을 가지고 학습할 수 있다. 특히 진보주의 교육학자였던 존 듀이를 중심으로 생활에 가까운 학습을 해야 주장에 힘입어서 1930년대부터 1960년대까지 대유행하였다. 당시에는 학교 교재와 출판사의 읽기 프로그램에서도 직접적인 발음 교육을 피하는 것이 좋다는 조언이 실려 있었다고 하니, 상당히 의미 있게 받아들여졌던 지도 방법이다.

하지만 루돌프 플레쉬는 『Why Johnny can't read?』(1955)를 통해 글자 지도 방법은 아동에게 기계적인 반복훈련을 통해 글자를 가르친다고 비난하면서 직접적인 발음 원리를 가르치는 '발음중심교육법(phonics instruction)'으로 돌아가야 한다고 주장하였다. 일반적으로 총체적 언어학습법 즉 통 글자 중심의 교육은 기계적 암기 중심의 문자 지도 방법이며, 발음 중심의 교육법은 체계적이고 단계적인 교육 방법으로 인식된다. 하지만 학생들을 지도하면서 알게 된 사실은 모든 학생에게 가장 좋은 교육 방법은 없다는 것이다. 어떤 학생들은 총체적 언어학습법이 효과적이었다면, 또 다른 학생은 발음중심교육법이 더 효과적이었다. 따라서 두 가지 방법을 균형 있게 사용하면서 더 좋은 지도 방법으로 인식되는 쪽으로 비중을 변경해 나가는 것이 가장 적절하다고 생각한다.

통 글자를 중심으로 한 총체적 언어학습법의 장점은 친숙하고 다양한 글자에 대한 노출을 통해 문자 학습을 진행하는 방법이기 때문에 자주 들어본 낱말들을 글자 모양으로 경험할 수 있다는 것과 발음중심학습법보다 더 많은 수의 글자에 노출되는 경험을 할 수 있다는 점이다. 글자에 익숙해지기 위해서는 많은 낱말에 노출되는 경험이 중요하므로 반복적으로 눈에 익히는 경험을 위해 통 글자 학습을 진행해야 한다.

발음중심학습법의 장점은 글자의 모양과 소리를 연결하는 체계적인 원리를 학습함으로써, 학생 스스로 소리를 만들어서 이해하고 기억하게 한다는 점이다. 몇 개의 글자와 소리가 연결되는 원리를 익힘으로써 배우지 않았던 글자의 소리까지 이해하도록 한다는 장점이 있어, 이해력이 좋은 학생들에게 효과적인 문자 지도 방법이다.

총체적 언어학습법	발음중심교육법
통 글자	자음, 모음, 소리와 글자 모양
생활 속의 익숙한 단어 중심	소리 내는 법 중심

경계선 지능과 통 글자 강조

경계선 지능을 가진 학생들은 자음과 모음이 조합하여 소리를 만들어 내는 '발음중심의 원리'를 가르쳐도 쉽게 이해하지 못해 재차 물어보면 기억을 못 한다고 답할 가능성이 크다. 경계선 지능 중에서도 기억력이 유난히 낮거나 전반적인 인지능력이 조금 낮은 편이라고 생각될 때에는 특히 그렇다. 이들은 자음과 모음의 원리를 조직화하여 이해하고 머릿속에 저장하는 능력이 부족하므로 발음중심학습법 자체가 어렵다고 인식될 수 있다. 따라서 몇 번의 발음중심학습법을 시도했을 때 이해하고 기억하는 능력이 부족하다고 생각된다면 통 글자를 강조하는 '총체적 언어학습법'을 지도 방법으로 사용하면 좋다.

총체적 언어학습법의 원리는 다음의 두 가지다.

첫째, 가장 친숙한 낱말부터 가르치기

친숙한 낱말이라고 함은 가장 자기 자신과 가까운 통 글자 낱말을 가르치라는 의미다. 가장 먼저 자신의 신체 각 부분을 가리키는 눈, 코, 입, 배등 신체 용어를 가르치고, 그다음으로 가족의 호칭이나 이름을 가르쳐야 한다. 어머니와 아버지를 가르치고 어머니의 이름과 아버지의 이름을 가르치면 된다. 그다음 가정에서 자주 접하는 물건들의 이름을 영역별로 가르치고, 점차 환경의 범위를 넓혀서 학교에서 볼 수 있는 물건이나 동네에서 볼 수 있는 사물이나 동물들의 이름을 가르치면 된다.

둘째, 그 낱말이 사용되는 맥락을 함께 가르치기

이 원리는 눈, 코, 입 등을 가르칠 때 신체의 각 부분을 직접 짚어가면서 배우거나 그림을 그려가면서 가르치라는 뜻이다. 또한 가정에 있는 여러 가지 물건의 이름을 배울 때도 엄마 놀이나 소꿉놀이와 같은 기타 역할 놀이를 하면서 사용되는 맥락을 자연스럽게 연결 지어 본다든지, 채소나 음식물에 관한 낱말을 배울 때도 계산대 놀이를 하면서 배울 수 있다. 또 다른 방법으로는 간단하게 배운 낱말을 동화책을 함께 보면서 찾아보도록 하는 것이다. 전체 글자를 모르더라도 교사나 부모가 읽어주는 동화책 속에서 자신이 아는 글자를 찾아보는 경험은 학생의 자발성과 호기심을 자극하는 좋은 시간이 될 수 있다.

총체적 언어학습법의 재미는 문자를 배우는 과정이 단순히 공부하는 과정이 아니라, 놀이로 연결 지을 수 있다는 점이다. 경계선 지능 학생들은 대체로 이해력과 기억력이 부족하여 반복적으로 글자를 읽고 쓰는 과정을 힘들어할 수 있다. 통 글자를 이용하여 놀이와 글자 학습을 병행한다면 더 빠르고 재미있게 학습할 수 있을 것이다.

학습장애와 발음원리

학습장애 학생들의 장점은 대체로 이해력이 좋다는 것이다. 반면 단순 암기능력이 부족하다는 단점을 가지고 있다. 왜 그렇게 되었는가에 대한 이해력은 좋지만, 그냥 무조건 외워야 하는 과제를 어려워한다. 따라서 이들에게는 단순하게 통 글자를 기계적으로 암기하라는 방식보다는 글자 소리가 왜 그렇게 나는가를 체계적으로 설명하는 발음중심학습법이 효과적이다. 이들은 글자를 외우지는 못하지만, 글자조합의 원리는 잘 기억한다. 그 글자조합의 원리는 기억보다는 이해를 바탕으로 하기 때문이다.

기본적으로 평균 이상의 지적능력을 갖추고 있지만, 작업 기억 등의 몇몇 인지능력 부족으로 인해 언어영역의 학습이나 발달이 어려운 이들에게는 많은 양을 기계적으로 외우도록 하는 학습 방법보다는 적은 양의 학습 원리를 가르치는 것이 더 효과적이다. 따라서 한글을 가르칠 때에도 자음과 모음의 생성 원리와 구강 내 혀의 모양을 함께 알려주는 것이 좋다. 또한 자음과 모음이 조합하여 하나의 소리를 이루는 원리를 발성 기관과 함께 연결 지어 지도하는 것이 도움이 된다.

발음중심학습법에서는 소리가 나는 원리를 강조한다. 글자-소리 간 대응 관계를 이해하는 것이 중요하다. 받침이 없는 글자의 경우에는 [자음과 모음]이 연결되어 소리를 내는 원리를 가르치고, 받침이 있는 글자의 경우에는 [자음과 모음 그리고 받침에 사용되는 자음]이 하나의 소리를 만들어내는 원리를 가르친다. 또한 두 개의 받침이 있는 글자의 경우에는 대표소리가 무엇인지를 익히게 한다.

발음중심학습법에서는 기본적으로 규칙적인 원리와 소리를 가진 낱글자나 낱말을 먼저 배우고, 불규칙적인 원리나 소리를 가진 낱글자나 낱말을 나중에 배우는 편이 낫다. 규칙적인 원리를 가진 경우에는 이해만으로도 학습이 가능하지만, 불규칙적인 원리를 가진 경우에는 이해와 더불어 기억능력이 필요하기 때문에 좀 더 어렵게 느껴질 수 있다. 그래서 불규칙적인 원리를 가진 낱글자에 대하여는 더 많은 시간과 반복이 요구된다.

한글 지도의 올바른 방법과 순서

느린 학습자들의 유형에 따라 통 글자 중심으로 지도할지 혹은 발음 중심으로 지도할지에 대하여 살펴보았다. 정리하면 경계선 지능 학생들은 통 글자를 중심으로 지도하는 것이, 학습장애를 가진 학생들은 자음과 모음이 소리 나는 원리를 중심으로 지도하는 것이 효과가 있다.

그러나 느린 학습자들은 기본적인 글자를 가르치는 것만으로 한글을 완전하게 이해하지 못한다. 그들은 소리 내어 글자를 더듬더듬 읽지만, 좀처럼 유창한 단계로 나아가지 못할 수 있다. 그것은 글자 읽기에 포함된 하위 학습요소들을 터득하지 못했기 때문이다. 겨우 자음과 모음이 모여서 하나의 글자를 이룬다는 것을 알았을 뿐이다.

이들이 유창한 읽기를 할 수 있으려면, 하위 학습요소를 순차적으로 배워나가야 한다. 느린 학습자들은 기본적인 글자를 익히고 나서 낱글자의 모양과 소리를 기억해야 한다. 또 글자 안 각 부분이 하나하나 소리를 대표하고 있다는 것을 알아야 한다. 즉 [강]이라는 글자는 [ㄱ] 소리, [ㅏ] 소리, [ㅇ] 소리로 되어 있다는 것을 기억하는 것이다. 그저 글자가 소리 나는 원리를 가르치면 다 알 것 같지만, 소리의 요소를 기억하는 일(음운 인식)을 충분히 연습하지 않으면 유창한 읽기를 하는 것이 불가능하다.

느린 학습자들의 한글 지도를 원활하게 진행하기 위해 다음의 단계를 순차적으로 진행해보자. 1단계에서는 경계선 지능과 학습장애를 각각 다른 방식으로 지도하는 것이 효율적이다. 그런 다음 2, 3, 4단계에서 같은 방식으로 지도하면 된다. 2단계는 1단계에서 배운 낱글자와 소리 대응 관계를 기억하는 활동을, 3단계에서는 글자의 소리 요소를 구분하는 활동을 주로 해야 한다. 그 다음 4단계에서 반복적으로 읽기를 하여 읽기의 유창성을 확립하면 된다.

	학습의 하위요소	경계선 지능	학습장애
1단계	기본 글자를 익히는 단계	통 글자를 먼저 익히고 나서 자음과 모음, 글자의 짜임을 가르치기	자음과 모음, 글자의 짜임을 가르치고 나서 통 글자를 가르치기
2단계	낱글자와 소리 대응을 기억하는 단계	낱말에 맞는 바른 소리 찾기 문장에서 아는 글자 찾아서 읽기	
3단계	소리의 요소를 기억하는 단계 (음운 인식)	자음을 듣고 글자 찾기 모음을 듣고 글자 찾기 낱말의 소리 개수 세기	
4단계	유창하게 읽기 단계	문장 읽기	

낱글자-소리 대응
기억하기

한글을 배우는 것은 ㄱㄴㄷㄹ이나 ㅏㅑㅓㅕ 등의 자음과 모음 기호에 소리를 대응시키는 것과 자음과 모음을 합하여 하나의 낱글자 소리가 된다는 것을 배우는 과정이다. 왜 그 모양에 그러한 소리를 붙여서 발음하는지에 대한 이유보다는 그저 어떤 글자 모양에 어떤 소리를 내기로 규칙을 정하고 무조건 외우게 하는 과정이다. 절대적으로 기억능력이 요구된다. 하지만 시각이나 청각으로만 기억하도록 하는 것이 아니라 시각적 도형(글자)을 보고 청각적 소리(음가)를 기억하여 말하도록 하는 과정이다. 대상은 시각인데, 기억은 청각으로 해야 하는 복잡한 연결과정인 셈이다.

느린 학습자들은 시각과 청각을 동시에 협응하여 기억하거나 시각 대상을 보고 청각적 정보를 떠올리는 능력이 부족하다. 비록 글자의 모양(시각)을 잘 기억하고 있더라도 글자의 소리(청각) 기억을 하는 것이 어렵다. 동시에 다른 감각기관을 사용하는 정보처리능력이 부족하기 때문이다.

글자를 보고 소리를 연결하는 능력이 부족한 학생들은 교사나 부모가 고안한 특별한 방법으로 글자를 배우면 잘 배울 수 있다. 특별한 방법이 시각 자극(글자)과 청각 자극(소리)의 연결을 더욱 쉽게 만들어줄 수 있기 때문이다. 예를 들어 글자 모양을 가르칠 때 글자의 발음과 유사한 그림을 그려서 글자를 보고 소리를 연상하게 할 수 있다. "ㄱ" 글자를 거위 모양으로 그려서 제시하고 거위라고 소리 낼 때 "기역"이라고 가르친다면 더 잘 기억할 수 있다.

다른 방법으로는 자음과 모음을 가사로 하여 노래를 만들어 부르게 하면 더 잘 기억할 수 있다. 느린 학습자들이 한글을 배우기 어려운 것은 서로 다른 감각 정보(시각정보와 청각정보)를 동시에 기억하는 것이 서툰 느린 학습자들에게 노래로 접근하는 특별한 방법은 더 쉽게 기억해내도록 만들어주기 때문이다.

소리를 듣고 글자 찾기

자음과 모음을 배우고 나서 가장 많이 하는 활동이 소리를 듣고 자음을 찾거나 모음을 찾는 것이다. 또한 자음과 모음을 조합하여 낱자를 만들어 소리 내는 법을 배우고 나면 소리를 듣고 낱글자나 낱말을 찾는 놀이를 많이 한다. 이러한 활동은 글자와 소리를 연결하여 기억하는 가장 기본적인 활동으로 이 활동이 어려운 학생들은 글자를 배우기 어렵다.

만일 소리를 듣고 글자를 찾는 활동을 잘하지 못하는 학생들이 있다면 먼저 소리 모방하기나 그림 기억하기와 같은 활동을 하는 것이 좋다. 소리를 모방하지 못하고, 그림을 기억하지 못하는 학생들이 소리를 듣고 글자를 찾는 활동을 잘 하기는 어렵기 때문이다.

소리 모방하기

– 낱글자 소리 모방하기: "[호] 하고 따라 말해볼까?"
– 낱말 소리 모방하기: "[여름] 하고 똑같이 말해볼까?"

그림 기억하기

– 먼저 그림카드를 3~4개 정도 보여주고, 10개의 그림 카드 속에서 보았던 것을 찾아 내도록 해볼 수 있다.
– 그림 짝 맞추기 게임을 반복해서 한다.

이렇게 소리 모방하기와 그림 기억하기를 반복해서 연습하고 나서 소리를 듣고 글자 찾기 활동을 해보면 개선된 학습 능력을 나타낼 것이다. 왜냐하면 시각과 청각을 협응하여 기억하는 것이 어려운 학생들은 시각 기억과 청각 기억 훈련을 각각 따로 하고 나서 시각(글자)과 청각(소리)을 협응하도록 하면 더 잘 할 수 있기 때문이다.

아는 글자 찾아서 소리내기

우리는 주변에는 자주 접하는 글자들이 많다. 과자 봉지에 쓰인 글자나 지나가다가 자주 보았던 간판의 글자들은 매우 친숙하다. 그중에서 배운 글자를 소리 내보도록 하면 좋다. 이는 글자마다 소리가 있다는 것을 알게 하는 과정이며, 자신이 자주 접했던 글자들을 스스로 읽을 수 있다는 성취감을 동시에 경험할 수 있기 때문이다. 마트에서 나누어주는 전단지나 동화책에서 아는 글자를 찾는 놀이는 소리-글자를 연결하는 중요한 활동이 된다.

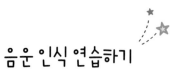

음운 인식 연습하기

음운 인식(Phonological Awareness)이란 글자를 소리 내어 읽었을 때, 소리 낸 말을 구성하는 소리 단위들을 이해하는 능력이다. 예를 들어 [강아지]라는 글자를 소리 내어 읽었을 때 [강], [아], [지] 3개의 각각 다른 소리가 합해져서 [강아지]라는 소리를 만든다는 것을 이해하는 능력을 말한다.

음운 인식을 잘하지 못하는 학생들은 "[강아지]가 몇 글자야?"라고 질문했을 때, "2개인가? 4개인가?"라고 오답을 말한다. 3개의 소리가 한 낱말을 이룬다는 것을 모르기 때문이다. 또한 [강]이라는 소리가 [ㄱ], [ㅏ], [ㅇ] 3가지 다른 소리가 합쳐져서 [강]이라는 소리를 낸다는 것을 이해하는 능력도 포함된다. [ㄱ], [ㅏ], [ㅇ] 각각을 음소라고 하고, [강]을 음절이라고 한다. 3개의 음소가 [강]이라는 음절을 이룬다는 것을 이해하지 못하는 학생들이 상당수 있다. 음소와 음절의 관계를 이해하지 못하는 학생들에게 "[강]에서 [ㅇ] 대신 [ㄹ]을 넣으면 어떤 소리가 나니?"라고 물었을 때, 적절한 대답을 듣기 어렵다.

경계선 지능 학생들과 학습장애 학생들은 모두 음운 인식 능력이 부족하다. 물론 통 글자로 한글을 배우는 경우에는 글자를 쪼개서 배우는 경우가 드물기는 하다. 하지만 통 글자로 한글을 어느 정도 배운 경계선 지능 학생들을 지도하는 경우에는 한글 지도가 어느 정도 진행된 중반부 이후 몇 번의 수업에서 자음과 모음의 조합에 관한 수업과 음운 인식 수업을 해 보기를 권하고 싶다. 왜냐하면 수업하다 보면 경계선 지능 학생들에게 "두 글자 낱말을 말해볼래?" 혹은 "세 글자 낱말을 말해볼래?"라고 하였을 때 대답을 잘하지 못하는 경우가 종종 있고, 이중모음이나, 받침의 소리를 잘 구분하지 못하는 경우가 있기 때문이다.

반대로 학습장애 학생들의 경우에는 처음부터 음운 인식 활동을 권하고 싶다. 자음과 모음을 조합하는 원리를 가르침과 동시에 음운 인식 활동을 강조하여 지도해야 한다. 학습장애를 가진 학생들은 소리가 조합되는 원리를 글자가 조합되는 원리와 잘 연결하지 못한다. 글자 모양은 만들어도 소리를 듣고 음소 단위로 쪼개거나, 음절 단위로 쪼개는 것을 잘하지 못한다.

정리하면, 경계선 지능 학생들의 한글 지도는 통 글자로 지도한 다음 학생들이 어느 정도 글자를 읽게 되면, 자음과 모음의 원리를 가르치면서 정확하게 소리 내는 원리를 설명하는 수업을 진행하는 것이 좋다. 하지만 학습장애 학생들은 음운 인식과 자음과 모음의 조합의 원리, 글자 소리 내는 연습을 동시에 연습하면서 한글 지도를 하는 것이 좋다.

음운 인식 활동

들려주는 말소리를 가지고 놀아보는 활동이다. 말소리의 위치를 바꿔보고, 빼보고, 다른 소리를 넣어보는 활동을 해보자.

- 음절 수 세기: 글자 카드나 그림 카드를 보여주고 음절 수만큼 손뼉치기(토끼는 손뼉 2번, 강아지는 손뼉 3번)
- 스티커 붙이기: 낱말카드 밑의 글자 수만큼 스티커 붙이기
- 첫음절이 같은 단어 찾기
- 어떤 낱말에서 음절이 하나 빠지면 어떻게 소리가 나는지 알아맞히기(김밥에서 '김'자를 빼면?)
- 끝음절을 바꾸어 말하기
- 자음과 모음을 구분하여 말하기
- 음소(자음과 모음) 수 세기
- 첫소리(초성)가 같은 낱말 찾기
- 끝소리가 같은 낱말 찾기
- 음소를 단어로 결합하기([가]와 [지]를 붙이고 [가지]라고 말하기)
- 낱말을 음소로 분절하여 말하기
- 낱글자 카드를 섞어 놓고 하나씩 꺼내어 같은 음절이 포함된 낱말 떠올리기

<글자 수만큼 스티커 붙이기>

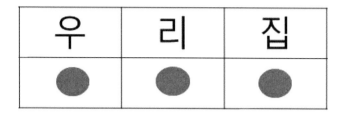

<글자 수만큼 손뼉 치기>

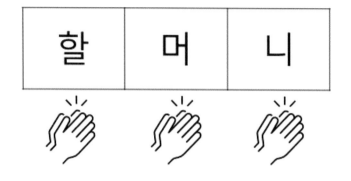

<음절 빼기>

쓰기 지도

손으로 글씨를 쓰는 과정은 느린 학습자들에게 매우 어려운 일이다. 우선 연필을 쥐는 모양이 부자연스럽고, 손의 힘이 조절되지 않아서 필요 이상으로 강하게 글씨를 쓰거나 지나치게 약하게 글씨를 쓴다. 느린 학습자들이 쓴 글씨를 보면 글자의 모양과 크기가 일정하지 않고, 필압이 강하여 연필을 지나치게 눌러서 써서 흔적이 강하게 남는다. 또 낱말 간에 일정한 간격을 유지하여 띄어쓰기가 어려워서 모든 글씨를 붙여서 써버린다. 이는 경계선 지능과 학습장애 학생들 모두에게서 나타나는 현상으로, 기본적으로 느린 학습자들 모두가 손가락 사용에 필요한 소근육 협응 및 조절 능력이 발달되어 있지 않기 때문이다.

글씨 쓰는 데 지나치게 많은 힘이 들어가거나, 거꾸로 손에 너무 힘이 없어서 오래 글씨를 쓸 수 없다면 모든 학습에 지장을 줄 수밖에 없다. 국어뿐만 아니라 수학이나 영어, 과학과 같은 다른 과목에서 쓰기는 필수 학습활동이기 때문이다. 어떤 연구자들은 느린 학습자들이 글씨 쓰는 능력이 취약하므로 키보드와 같은 보조 교육도구를 사용하도록 하는 것이 어떻겠는가, 하고 제안하기도 한다. 그것은 초등학교 고학년 이후부터의 문제이지, 초등 저학년 동안의 관심사가 될 수는 없다. 초등학교 저학년은 학습의 목표 자체가 이후 학습을 위한 기초 기량을 닦는 과정이므로 한글을 배우는 과정에서는 글씨쓰기 연습을 꾸준히 해야만 한다.

느린 학습자들의 쓰기 특징

느린 학습자들은 대부분 다음과 같은 쓰기의 어려움을 나타낸다.

- 글씨를 알아볼 수 없다.

- 글씨를 휘갈기듯 날려서 쓴다.

- 빨리 쓰려고 한다.

- 필압이 지나치게 강하다.

- 오래 쓰지 못한다.

- 띄어쓰기를 못 한다.

- 글씨를 쓰려고 하면 화가 난다.

- 긴 문장을 쓰지 못한다.

- 여러 문장을 이어서 쓰지 못한다.

- 말한 내용을 문장으로 쓰지 못한다.

소근육 협응력 기르기

쓰기가 어려운 가장 큰 이유는 손가락에 힘이 없어서다. 특히 연필을 잡고 조절을 해야 하기 때문에 엄지와 검지, 중지의 힘과 조절력이 매우 중요하다. 세 손가락의 힘이 꼿꼿하고 서로에게 역할을 잘 해주어야만 글씨를 예쁘고 바르게 쓸 수 있다.

느린 학습자들의 손가락 힘은 성장기 내내 약하다는 인상을 준다. 손으로 하는 대부분의 활동이 어설퍼 보이고, 야무짐이 적기 때문에 왠지 손으로 무엇인가를 하게 시키는 것이 불편해서 부모나 교사가 참지 못하고 도와주는 경우가 많다. 그래서는 절대로 소근육 협응력을 기를 수 없다. 소근육 협응력은 심리적으로도 주도성이나 자발성과 연결되어 있다. 자신의 손가락을 이용하여 무엇을 할 수 있다고 느끼는 것은 자신이 유능하다는 것을 인식하는 과정이며, 자신이 유능하다고 느끼게 되면 무엇이든지 도전하고 해보려는 시도를 하게 된다. 느린 학습자의 부모나 교사들은 학생들이 손으로 하는 동작을 하기 싫다고 주저할 때, 완전히 도와주지 말고, 할 수 있는 작은 수준부터 조금씩 수준을 높여가도록 도와야 한다.

글씨쓰기는 공부하는 동안 자신이 써놓은 글씨들을 보면서 자기 스스로 무엇인가를 할 수 있다는 것을 눈으로 확인하는 과정이므로, 학습 동기를 높여주는 중요한 계기가 될 수 있다. 느린 학습자들이 처음에 어려워하면서 짜증을 내더라도 용기와 격려를 해주면서 꾸준히 쓰기 연습을 하도록 해야 한다.

특히 느린 학습자들은 학령기(19세 이전) 동안 내내 소근육 협응 및 조절 능력이 부족하여 어려움을 겪게 되므로 학교를 다니는 동안 취미활동으로 손작업이나 악기 연주 등을 꾸준히 할 수 있도록 지도하는 것이 좋다.

소근육 협응 및 조절 연습

– 수평선, 수직선, 사선 그리기

– 점선 따라 그리기

– 도형의 안쪽 색칠하기

– 양손을 이용하여 가위질하기

– 종이접기

– 레고 맞추기

– 리본 묶기

– 단추 끼우기

– 퍼즐 맞추기

글자의 획순

한글의 자음과 모음은 쓰기를 하는 올바른 순서가 정해져 있다. 처음에는 글씨를 바르게 쓰는 순서를 생각하면서 배우지만, 어느 정도 시간이 지나면 순서와 관계없이 습관적으로 빠르게 쓰고 싶은 대로 쓰면서 글씨쓰기 순서를 지키지 않게 된다. 누구나 그렇다. 어떤 사람은 너무 일찍부터 날려 쓰는 습관을 들여서 다른 사람들이 봐도 무슨 글씨인지 알아볼 수 없게 쓰기도 한다. 이러한 사람들을 '악필'이라고 한다. 우리 느린 학습자 중에도 악필이 많다. 자신이 쓰고도 뭐라고 썼는지 알아보기 힘들 정도로 글씨를 엉망으로 쓰는 경우도 많고, 띄어쓰기 습관이 잡히지 않아서 무슨 내용인지를 알아볼 수 없는 경우도 많다.

느린 학습자들은 앞서 설명했던 소근육 협응력이 부족하여 글씨를 오래 쓸 수 없기도 하지만, 한 글자를 차분하게 쓰기 위해 손가락 힘을 조절하기도 어렵다. 하지만 글씨쓰기를 배우는 첫 단계부터 글씨 모양에 신경을 써서 배우는 것이 좋다. 특히 글자의 획을 올바른 순서로 쓰는 연습을 하게 하자. 이는 글씨의 세부 특징을 깊이 살펴볼 수 있을뿐더러, 글자 간의 차이를 인식하는 능력을 발달시킨다. 나아가 글자를 익히는 것은 물론 주의력 향상에도 도움이 된다.

보통 글씨를 쓸 때, 교사나 부모는 "예쁘고 바르게 쓰자."라고 지도한다.

그러한 지시문은 학생들에게 정확한 메시지가 전달되지 않는다. 도대체 어떤 모양이 예쁜 모양인지 또한 바른 모양인지를 학생들이 알지 못하기 때문이다. 그보다는 "글씨 쓰는 순서에 맞춰 쓰자. 알아볼 수 있게 쓰자." 라고 지시문을 전달하는 편이 더 정확하다. 글씨를 쓰도록 하는 이유는 예쁜 글씨를 쓰고 싶어서가 아니라, 다른 사람들이 알아볼 수 있게 써야 하기 때문이다.

글씨쓰기를 배우는 첫 단계부터 글씨를 쓰는 이유는 누군가가 읽을 수 있도록 하는 것이 목적임을 학생들이 인식하도록 하자. 글씨를 쓸 때 다른 사람들이 알아보지 못하게 쓴다면 글씨가 제 기능을 다 하지 못하는 것임을 깨닫게 해야 한다. 물론 다른 사람들을 의식해서 글씨를 쓰는 것은 아니지만, 글자의 기능이 정보 전달이라는 점을 고려하면 글씨의 고유기능이 다른 사람들이 알 수 있게 쓰여야 한다는 것은 중요한 사실이다.

띄어쓰기

기본적인 읽기와 쓰기를 학습한 느린 학습자 중에도 띄어쓰기를 잘하지 못하는 학생들이 많다. 띄어쓰기는 글을 쓸 때 어절마다 간격을 두고 쓰는 것을 말한다. 우리가 띄어쓰기를 잘하지 못하게 되면 글의 의미 파악도 어렵고, 띄어쓰기에 따라서 글의 내용이 완전히 달라지기도 한다. 그래서 의식적으로 띄어쓰기를 계속 지도하는 것이 중요하다.

느린 학습자들은 대부분 글의 내용을 생각하지 않고 기계적으로 쓰기 때문에 띄어쓰기를 잘하지 못한다. 특히 자기 생각을 글로 쓸 때보다 특정 글을 그대로 베껴 쓸 때 띄어쓰기가 잘되지 않는다. 느린 학습자들을 지도하면서 느낀 점은 띄어쓰기를 하지 않는 학생들의 이해력이 띄어쓰기를 잘하는 학생들의 이해력보다 부족하다는 것이다. 띄어쓰기를 잘한다는 건 문장 내 낱말들의 의미 요소를 잘 파악하고 있다는 의미이기도 하다. 힘들더라도 왜 띄어쓰기를 잘해야 하는지를 충분히 설명한 다음 차분하게 띄어쓰기를 할 수 있게 지도해야 한다.

효과적인 띄어쓰기를 위하여 글씨를 쓰기 전에 의미 단위(어절)로 소리 내어 읽기를 한 다음 글씨를 적도록 지도하면 어떨까?

"친구들과 운동장에서 놀았다."

소리 내어 [친구들과]를 읽고 나서 글씨를 쓰도록 하고, [운동장에서]를 소리 내어 읽고 나서, 한 칸 띄기를 하고 글씨로 적어보게 하자. 의미 있는 단위인 어절 단위로 끊어서 읽고, 글씨를 쓰면서 띄어쓰기를 가르친다면 더 효과적으로 띄어쓰기 연습을 할 수 있게 된다. 더불어 이렇게 연습한 학생들은 나중에 긴 글을 읽고 내용을 의미 단위로 잘 나누어서 이해할 수 있게 된다.

동요, 동시 필사하기

느린 학습자들이 어느 정도 글씨 쓰기를 익힌 다음 능숙하게 글씨를 쓸 수 있도록 연습해야 하는 단계가 왔다면 동요나 동시의 필사를 권하고 싶다. 초등 1학년 말부터 동요 동시 필사를 하면 더욱 효과적이다. 동요나 동시는 다른 글보다 짧아서 학생들이 부담을 덜 느낀다. 또한 글자나 문장이 반복되어 나오는 경우가 많아서 같은 글자나 문장을 익히기에 도움이 된다. 동요와 동시는 다양한 의성어와 의태어가 포함된 경우가 많아서 다양한 낱말 표현의 예시를 배울 수도 있어도 도움이 된다.

내담자 중 초등 1학년인 느린 학습자가 있었다. 그 학생은 매일 동시 2편을 필사하는 과제를 수행했다. 처음에는 힘들다고 짜증을 냈지만, 꾸준히 연습한 후로는 쓰는 시간도 단축되고 어느 정도 쓰기에 능숙해졌다. 쓰기 과제도 힘들지 않아 보였다. 덕분에 학습 동기가 높아지고, 학습 태도도 의젓해졌다. 그전까지는 어린아이처럼 쓰지 않겠다고 고집을 부리기도 했었는데, 이제는 그런 모습을 보이지 않게 되었다. 그 학생의 사례는 느린 학습자가 충분히 성장할 수 있다는 희망을 잘 보여준다.

느린 학습자들의 안타까운 특성 중 하나는 문장을 막힘없이 읽는데도, 글을 읽고 나서 내용을 말하지 못한다는 것이다.

우리는 보통 글을 읽고 나면 머릿속에 글의 내용이 남아 있다고 생각한다. 하지만 느린 학습자들은 그렇지 않다. 이들은 비록 글을 읽었지만, 글을 읽는 동안 단기 기억 속에 들어온 장기 기억으로 넘어가지 못하고, 읽고 나면 그 자리에서 흘러나가는 것처럼 보인다. 글을 읽는 동안 글의 내용을 이해하기 위해 필요한 주의력이나 의미 단위로 정보를 처리하지 못하기 때문이다.

느린 학습자들이 글을 읽고 그 내용을 이해하고 기억하기 위해서는 주의력과 의미적 정보처리와 같은 인지적 처리 과정이 필요하다.

이번 장에서는 느린 학습자들이 효과적으로 글의 내용을 이해할 수 있도록 기본적인 주의력 훈련, 끊어 읽기를 통한 의미 이해, 소리 내어 읽기와 눈으로 읽기 등에 관해 설명한다. 이를 통해 느린 학습자들이 독해능력을 향상시킬 수 있는 방법에 대하여 알아보자.

PART 6

느린 학습자에게
효과적인 독해 지도법

순차적으로 시선 이동하기

한글로 된 글을 읽으려 한다면, 보통 시선을 왼쪽에서 오른쪽으로 이동하면서 한 글자 한 글자 읽어야 한다. 또한 첫 줄의 문장을 다 읽고 난 뒤에는 다음의 내용을 알기 위해서 두 번째 줄의 문장에 포함된 글자들을 또다시 왼쪽에서 오른쪽으로 차례로 읽어나가야 한다. 이렇게 글을 읽고 내용을 이해하기 위해서 우리는 시선을 글자를 따라서 순차적으로 이동시키는 '시선 추적(sequential visual-tracking)' 능력을 갖추고 있어야 한다. 한 글자 한 글자 순차적으로 정보를 입력하여 받아들이기 위해서는 문장에서 시선을 이탈시키지 않고 차례차례 이동해야 한다.

느린 학습자들에게 책을 읽도록 지시했을 때, 대부분이 순차적으로 시선을 이동시키는 과제를 제대로 해내지 못했다. 대체로 꼼꼼하게 한 글자씩 살펴보지 못했을 뿐만 아니라, 줄을 바꾸어 읽어야 할 때도 다음 줄로 이어서 읽지 못하고 서너 줄 아래의 문장을 읽는 경우가 많았다.

이렇게 차례로 시선을 이동하면서 글자를 읽지 못하는 것은 학생들이 글의 내용을 제대로 이해하는 데 큰 어려움을 발생시킨다. 시선이 오락가락 위로 아래로 제멋대로 이동을 하면서 글을 읽는다면 비록 전체의 글을 읽었다고 해도 제대로 그 내용이 머릿속에 남을 수가 없다.

글 이해를 어려워하는 학생들의 시선 이동 특성을 발견한 많은 연구자가 학생들의 안구운동 특성을 파악하여 안구운동 연습을 함으로써, 글 이해력을 높이겠다는 과학적인 접근을 시도하기도 한다. 하지만 치료실에서 만난 느린 학습자들을 살펴보면 이들의 시선 이동 특성은 몇 번의 연습을 통해 쉽게 개선되며, 시력 등의 안구 특성과 관련된 것 같다는 인상을 받기는 어려웠다. 오히려 순차적 시선 이동은 안구운동 강화보다는 시각적 주의집중력의 향상에 초점을 두어야 할 문제라는 생각이 들었다.

실제로 눈으로 과제를 보면서 순차적 주의력을 기를 수 있도록 연습을 꾸준하게 진행하니 읽기 오류가 상당 부분 개선되는 결과를 볼 수 있었다.

왼쪽에서 오른쪽으로 시선을 '한 글자 한 글자 차례차례' 옮기는 연습은 시각적 주의력을 높인다. 나아가 글을 이해하기 위해 낱말 정보를 정확하게 처리할 수 있는 조건을 만들어준다. 시각적 정보처리의 문제, 시각적 주의력의 문제인 것이다. 따라서 느린 학습자들에게 독해를 지도하려고 할 때, 선행적으로 순차적으로 시선을 이동시키는지를 평가하여 시각적 주의력에 어려움이 있다고 판단된다면 먼저 이를 개선할 수 있는 연습을 하도록 해야 한다.

순차적 시각주의력 연습하기

- 소리 내어 책 읽기
- 글을 차례로 눈으로 읽으면서 특정 글자 찾기
- 차례로 기호 그려 넣기

<빈칸에 차례로 해당되는 기호를 적어 넣기>

☎	♥	★
·|	Х	‡

◆	◑	♣
Ɛ	∠	=

☎	♣	◑	☎	★	◆	♣	☎

♥	★	♥	◆	♣	◑	☎	★

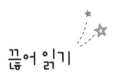

끊어 읽기

어느 정도 한글 습득을 한 뒤 책 읽기 단계에 들어간 느린 학습자들에게 책을 읽어보게 하면 대체로 더듬더듬 지나치게 느리게 읽거나, 반대로 지나치게 빨리 읽어버리는 특성을 보인다는 것을 발견하게 된다.

더듬더듬 지나치게 느리게 읽는 학생들의 경우에는 아직 글자와 발음의 연결을 유창하게 하지 못하는 단계이므로 글을 읽고 내용을 이해하는 단계로 넘어가기는 이르다. 좀 더 글자를 익숙하게 읽을 수 있도록 연습을 해야 하므로, 비록 책을 소리 내어 읽게 하거나 교사나 부모가 함께 소리 내어 읽기를 한다고 해도 어떤 내용의 글이었는지를 학생에게 묻는 것은 적절하지 않다. 이 단계에서는 소리 내어 읽기를 완료했다는 것(완독)에 대하여만 칭찬해야 한다.

예를 들어 그림책이라면 여러 가지 그림을 함께 살펴보면서 내용과 관련

없지만 학생이 흥미 있어 하는 다양한 주제의 이야기를 나누기만 하는 것이 더 좋다. 아직은 많이 소리 내어 읽는 경험을 하는 것이 더 중요하기 때문이다.

지나치게 빨리 읽어버리는 느린 학습자들의 경우에도 비록 글자를 막힘 없이 읽을 수 있는 단계에 이르렀음에도, 내용을 물어보면 대부분이 제대로 답하기 어려워한다. 이때는 느린 학습자들에게 천천히 읽는 습관이 필요하다는 걸 알려주어야 한다. 빠르게 읽는 습관을 들이면 빠뜨리고 읽지 않고 넘어가는 글자가 생기거나 조사나 어미를 바꾸어서 읽을 수 있으므로, 중간마다 쉬어가면서 읽기를 제안해야 한다. 문장의 길이가 길다면 한 숨에 읽기보다는 한 박자 쉬고 읽는 습관을 길러주고, 쉴 곳을 연필로 표시하여 끊어보자고 지도해야 한다. 놀랍게도 학생들이 제대로 끊어 읽어야 할 곳을 찾지 못하는 경우가 많다.

학생들이 끊어 읽기를 못 하는 이유는 여러 개의 낱말이 모여서 하나의 의미를 이룬다는 것을 알지 못하기 때문이다. 글을 읽을 때 하나의 의미 단위로 끊어서 읽는 것을 '청킹(chunking)'이라고 한다. 쉽게 말해 청킹은 개별 낱말을 하나하나 읽는 것이 아니라 낱말과 낱말, 구와 구, 절과 절을 중심으로 하나의 의미를 이루는 여러 낱말을 묶어서 읽는 것을 말한다. 의미 단위로 글을 끊어서 읽게 되면 글에 대한 이해력이 더욱 좋아진다.

느린 학습자들에게 긴 글을 읽게 할 때는 글을 읽기 전에 먼저 어디서 끊어 읽어야 할지를 표시하게 한 다음, 끊어진 곳에서 자연스럽게 쉼을 할 수 있도록 반복해서 읽기 연습을 시켜야 한다. 꾸준히 끊어 읽기를 하되, 자연스럽게 끊어 읽을 수 있을 때까지 지도하게 되면 점차 글을 이해하는 데 어려움이 적어질 것이다.

〈끊어 읽기〉

코알라는 왜 잠을 많이 잘까요?

코알라는 호주에 사는 동물입니다. 코알라는 곰처럼 생겼지만 / 아주 덩치가 크지는 않습니다. 둥글고 큰 코가 / 아주 귀엽습니다. 그리고 나무에 매달리기 좋은 발을 가지고 있어서 / 항상 나무에 매달려 있습니다. 코알라는 잠이 많기로 유명한데 / 하루에 보통 20~22시간을 잔다고 합니다. 코알라가 잠이 많은 이유는 / 주식인 유칼립투스 때문입니다. 유칼립투스가 소화가 잘되지 않아서 / 먹고 난 뒤 / 한참 동안 잠을 자면서 / 소화를 시킨다고 합니다.

소리 내어 읽기와 눈으로 읽기

소리 내어 읽기(reading aloud)는 글을 소리 내어 다른 사람들이 들을 수 있도록 읽는 것을 말한다. 눈으로 읽기(silent reading)는 글을 소리 내지 않고 눈으로만 읽는 것을 말한다. 눈으로 읽기는 조용히 읽기 때문에 '묵독(默讀)'이라고도 한다. 사람들은 두 가지 형태로 책을 읽는다. 소리 내어 읽거나 조용히 눈으로만 읽거나. 보통은 어리거나 아직 읽기에 능숙하지 않은 학생들이 소리 내어 읽기를 주로 하고, 성숙하고 나이가 든 사람들은 조용히 사색에 잠겨 눈으로 읽기를 주로 한다.

읽기의 발달단계가 읽기 시작 단계에서 시작하여 소리 내어 읽기 단계를 거쳐 눈으로 읽는 단계로 넘어간다고 한다. 글자 읽기를 배우고 나서 책의 내용을 이해하는 독해능력을 발달시키는 과정은 소리 내어 읽는 단계에서 눈으로 읽는 단계로 발달한다.

읽기와 독해를 배우는 과정을 정리하면 다음의 표와 같다. 기본적인 문해(글자 읽기)를 익힌 학생들은 읽기를 배우는 단계에서 도움을 받아 읽는 단계를 거쳐 혼자서 독립적으로 읽기를 배우는 단계로 발달한다. 학생들의 독해능력은 누군가가 읽어주는 단계에서 시작하여 혼자 조용히 눈으로 읽을 수 있는 단계에 이르는 동안 조금씩 발달하게 된다.

1단계	2단계	3단계
읽기를 배우는 단계	도움을 받아서 읽는 단계	혼자서 독립적으로 읽는 단계
읽기 초보자	읽기 연습자	읽기 능숙자
남이 소리 내어 읽어주기	(스스로) 소리 내어 읽기	(스스로) 눈으로 읽기
· 읽기 동기 유발 · 초보적 읽기 이해력 발달	· 읽기 유창성의 발달 · 낱말의 의미에 관심	· 내용을 머릿속에 그리기 · 내용 이해하기
유아~초등 1학년	초등 1~3학년	초등 3~4학년 이후

독해를 잘하기 위해서는 단계별로 언제 소리 내어 읽기를 중심에 두고 읽기 활동을 해야 하는지, 언제 눈으로 읽기만 해도 충분히 글의 내용을 숙지할 수 있게 되는지를 이해할 필요가 있다. 대개 초등학교 3학년이 될 때까지는 소리 내어 읽기를 중심에 두고 지도해야 한다. 아직 능숙하게 읽고 이해하는 능력이 발달하지 않은 학생들이 책을 눈으로만 읽는다면 정확하게 내용을 숙지하거나 이해하기 어렵기 때문이다.

특히 느린 학습자들은 힘들더라도 소리 내어 글 읽기를 충분히 연습하는 것이 좋다. 소리 내어 읽기를 제대로 연습한 후 다음 단계로 넘어간다면, 눈으로 읽기가 능숙해진다. 눈으로 읽기는 단순히 글을 소리 내지 않고 읽는 것만을 의미하는 것이 아니라, 글을 읽으면서 내용을 머릿속에 그려보거나 내용을 이해하여 독서의 즐거움을 경험할 수 있게 되는 것을 말한다.

소리 내어 읽기의 유형

짝 읽기(Paired reading)

짝 읽기는 유창하게 읽는 사람과 덜 유창하게 읽는 사람이 함께 앉아서 읽는 방법이다. 둘이 함께 읽기를 시작하되, 덜 유창한 사람이 혼자서 읽겠다고 신호를 보내면 도움 없이 혼자 읽도록 한다. 읽는 중간에 잘못 읽은 단어가 있을 때는 유창하게 읽는 사람이 다시 소리 내어 읽어주면 덜 유창한 사람이 함께 따라 읽고, 다시 혼자 읽겠다고 신호를 보내면 덜 유창한 사람이 혼자서 읽도록 하는 방법이다. 교사나 부모가 유창한 읽기 지도자가 되어 느린 학습자와 [함께 소리 내어 읽기 → 혼자 읽기 → 함께 읽기 → 혼자 읽기]를 반복하는 활동이다. 이때 느린 학습자가 원하는 책이나 읽기 자료를 활용하면 학생들의 흥미를 높일 수 있다.

합창 읽기(Choral reading)

합창 읽기는 선생님과 학생이 동시에 소리 내어 읽는 방법이다. 학생의 목소리가 선생님의 목소리에 합쳐져서 읽기에 부담을 갖지 않고 활동에 참여할 수 있다. 읽기에 대한 심리적 부담도 적고, 실감 나게 합창하여 읽음으로써 정확한 발음과 억양으로 읽는 능력을 향상시킬 수 있다는 장점이 있다. 치료실에서 학생들을 지도하면서 합창 읽기를 하였을 때, 학생들의 읽기 유창성이 더 높아질 뿐만 아니라, 내용에 대한 이해력도 더 향상되는 모습을 발견하였다. 이는 합창 읽기 과정이 학생에게 심리적 부담감도 덜어주고, 글에 대한 몰입을 더욱 높여주기 때문이다.

반복 읽기(Repeated reading)

반복 읽기는 읽기자료를 말 그대로 반복해서 읽는 방법이다. 읽기 유창성과 독해력을 동시에 향상시킬 수 있는 효과적인 방안으로 잘 알려져 있다. 반복 읽기에 관해 미국의 교육학자 Samuel(1979)은 학생이 이해할 수 있는 수준의 낱말 50~200개가 있는 페이지를 3~4번 반복해서 소리 내어 읽는 방법이라고 정의하였다. 다만 같은 자료를 반복하여 읽도록 해야 하는 만큼, 수업을 진행하는 동안 흥미를 잃지 않도록 다양한 읽기 환경을 구성하는 것이 필요하다. 예를 들면 처음에는 교사나 부모와 함께 읽다가, 혼자 읽고 그리고 나서 감정을 담아서 읽거나, 마지막으로 가족들이나 친구들 앞에서 읽는 등의 다양한 읽기 환경을 구성한다면 읽기를 익히는 학생의 흥미가 덜 떨어질 것이다.

번갈아 읽기

번갈아 읽기는 교사나 부모, 혹은 다른 학생들과 번갈아 가면서 자료를 읽는 방법이다. 길다고 생각되는 읽기 자료를 학생 혼자서 읽도록 하면 부담스러워할 수 있기 때문에 느린 학습자와 다른 사람(교사, 부모, 다른 학생)이 서로 돌아가면서 읽는 방법이다. 비교적 긴 글을 끝까지 읽도록 연습할 때 효과적이다. 하지만 자기 순서를 제외하고 다른 사람이 읽을 때 집중하지 못하는 경우가 많아서 읽기 유창성이나 글에 대한 이해력을 높이고자 할 때는 크게 도움이 되진 않는다.

이처럼 소리 내어 읽기는 여러 가지 방법으로 진행할 수 있다. 중요한 것은 학생들이 능숙하게 읽기를 할 수 있도록 꾸준히 연습에 매진하는 것이다. 이 과정이 충실해야 눈으로 읽기를 스스로 하는 과정이 어렵지 않게 된다. 눈으로 읽기를 한다는 것은 더 이상 글자를 소리내기 위해 자음과 모음의 조합을 연상하지 않아도 되는 '글자 읽기 자동화 수준'에 이르렀다는 것을 의미한다.

이로써 뇌의 정신적 에너지를 글자 읽기(decoding)에 사용하지 않고 글의 내용을 이해하기 위해 '상상'을 하거나, 문장에 사용된 '어휘'를 이해하는 데 사용할 수 있게 된다. 정신적 에너지가 대부분 독해하는 데 사용될 수 있게 되었다는 뜻이다.

느린 학습자들은 정신적 에너지(주의력이나 기억하기, 상상하기 등에 사용하는 에너지)를 효율적으로 사용하는 데 어려움이 있기 때문에, 소리 내어 읽기를 충분히 연습하도록 하여 글을 읽을 때에는 '이해'를 위해서만 '정신적 에너지'를 사용할 수 있도록 도와주어야 한다. 즉, 충분한 연습만이 느린 학습자들의 독해력을 향상시킨다.

어휘력과 배경지식

느린 학습자들이 어느 정도 한글을 읽거나 쓸 수 있음에도 독해를 잘하지 못하는 또 다른 이유는 어휘력과 배경지식이 부족하기 때문이다. 알다시피 느린 학습자들은 유아기부터 아동기에 이르는 내내 언어발달이 느리다. 느린 언어발달은 이해력뿐 아니라 기본적으로 습득해야 할 어휘 수준도 또래보다 부족하게 만든다. 대부분의 느린 학습자들은 또래보다 적은 수의 어휘를 사용하고 나이에 비해 짧고 간단한 문장으로 말하고 이해한다. 누군가가 조금만 길게 말해도 그 뜻을 이해하지 못해서 멍한 표정을 짓고 쳐다보기 일쑤다.

느린 학습자의 언어발달 특징은 학습 상황으로 연결된다. 특히 국어, 사회처럼 많은 어휘가 포함된 교과를 공부해야 할 때 어려움을 겪는다. 간혹 사회 과목을 좋아하는 학생들이 더러 있다. 그중에서도 역사 과목을 좋아하는 학생들이 많다. 역사 과목은 알아야 하는 내용이 다른 사회 과목보다 적고, 주로 이야기 식의 내용이 많아서 흥미를 갖지만, 세부적으로 어려운 어휘가 나오거나 그 시대 정책과 같은 어려운 내용을 이해하기는 어렵다.

어휘력 지도

느린 학습자들의 어휘력 지도를 위해서는 두 가지 측면을 중요하게 생각해야 한다.

첫째, 필수어휘를 정해놓고 지도하기

책을 읽거나, 교과서를 지도하게 될 때, 교사나 부모가 먼저 내용을 읽어보고 그 내용에서 꼭 알아야 할 필수어휘를 확인한 뒤, 카드에 써서 강조하거나 책 읽기에 앞서 낱말 뜻 설명을 해보자.

둘째, 문법적 어휘 지도하기

문법적 어휘는 접속사, 형용사, 부사와 조사 같은 문장의 뜻을 분명하게 만들어주는 기초 어휘들을 말한다.

- 접속사: 그리고, 그래서, 그러나, 하지만 등
- 형용사: 따뜻한, 분명한, 행복한, 차가운, 예쁜 등
- 부사: 부디, 다만, 오직, 매우, 가장 등

- 조사: ~에서, ~의 등

위의 예시처럼 접속사, 형용사, 부사 그리고 조사를 따로 공부할 수 있도록 해야 한다. 이러한 문법적 어휘들은 느린 학습자들이 자연스럽게 터득하기 어렵기 때문이다. 이러한 내용은 시중에 학습지의 형태로 다수 판매되고 있으므로 한 권씩 구매하여 지도하는 것도 좋다.

보통 느린 학습자에게 어휘력 향상이 중요하다고 말하면 책을 많이 읽혀야겠다고 생각하는 사람들이 많다. 하지만 느린 학습자들은 책을 읽고 어휘력을 향상시키는 데 어려움이 크다. 집중력의 한계가 있기 때문에 누군가가 책을 읽어주거나, 혼자서 책을 읽도록 하여도 능동적으로 어휘를 습득하지 못한다. 책을 읽을 때 누군가가 도움을 주어야만 어휘를 습득할 수 있다. 아직 능숙한 읽기를 하지 못하기 때문이다. 느린 학습자들이 어휘력을 향상시키기 위해서는 교사나 부모가 의도적이고 직접적인 방식으로 다양한 어휘를 접할 수 있도록 해야 한다.

배경지식

느린 학습자가 책을 읽고 내용을 이해하는 과정에 관심을 두게 하려면 관련된 경험이나 배경지식이 있어야 한다. 읽기에 관한 흥미가 경험이나 배경지식에서 오기 때문이다. 또한 책을 읽고 그 내용을 이해하여 자신의 지식으로 만들기 위해서도 연관된 경험이나 배경지식이 장기 기억 속에 있어야 한다. 장기 기억 속에 들어 있는 선행지식(배경지식)이나 경험은 책을 읽을 때 활성화되어 내용을 잘 이해할 수 있게 해준다.

배경지식은 다양한 경험에서 비롯된다. 단조롭고 틀에 박힌 환경에서는 새롭게 확장된 배경지식을 쌓을 수 없다. 안타깝게도 느린 학습자들 대부분이 매우 단조로운 생활을 보낸다. 학교와 집, 학원, 치료실을 반복해서 오가기도 바쁘기 때문에 다양한 경험을 하기 위해 시간을 내기가 무척 힘들다. 이러한 틀에 박힌 환경은 느린 학습자들의 한계를 더욱 강화하게 된다. 요새는 인터넷이 발달하여 컴퓨터나 모바일로도 새로운 지식을 습득할 수도 있다. 하지만 느린 학습자들은 인터넷을 통해서도 새로운 것을 배우려 하기보다는 그때그때 흥미 위주로 유튜브나 블로그의 콘텐츠를 소비하기 때문에 배경지식을 쌓는 데도 한계가 있다.

물론 배경지식을 쌓기 위해 노력하는 가정도 많다. 하지만 주의할 점은 이조차도 학생이 적극적으로 참여할 수 있어야 한다는 것이다. 부모가 생각하기에는 좋은 경험이 될 것 같겠지만, 학생이 재미를 느끼지 못한다면 적극적으로 참여하지 않을 것이고 그러한 경험은 배경지식으로 쌓이지 않는다. 학교생활에서도 마찬가지다. 학교에서 계획해놓은 다양한 프로그램이 아무리 많아도 학생이 흥미를 갖고 참여하지 않는다면 그 경험은 무의미할 수밖에 없다.

느린 학습자들이 적극적이고 능동적으로 배경지식을 쌓을 수 있도록 하기 위해서는 되도록 '직접 경험'할 수 있도록 해야 한다. 길을 찾아가는 방법, 표를 예매하는 방법, 경험하는 그 장소의 역사적 의미 등등을 학생이 능동적으로 참여하고 알아볼 수 있도록 '디자인'할 필요가 있다. 좋은 경험이라고 무작정 데리고 다니거나 프로그램에 참여시키기만 할 것이 아니라, 그 경험 속에서 학생이 무엇을 배울 수 있을지를 생각하고 적극적인 학생의 참여 방법을 연구하여 경험하도록 하는 것이 '디자인'이다. 경험은 큰 그림보다 소소한 디테일에서 발생한다. 부모와 교사는 소소한 디테일에서 무엇을 경험하도록 할 건지를 디자인하기 위해 고민해야 한다.

앞서 설명한 경험들은 평소에 하는 활동이므로 독해 지도를 하는 상황과는 맞지 않는다. 다양하고 능동적인 경험이 많아야 배경지식이 풍부해지고 나아가 독해를 할 때에도 긍정적인 영향을 미친다. 그렇다면 독해를 하는 상황에서는 배경지식을 어떻게 연관 지어야 할까?

독해를 한다는 것은 책의 내용을 이해하는 과정인데, 이를 위해서는 장기 기억 속에 들어 있는 이전 경험이나 배경지식과 지금 읽고 있는 책의 내용을 연관 지을 수 있어야 한다. 또, 책 내용이 이전에 경험한 적이 없는 새로운 것이라면 그것이 무엇인지를 이해하기 위해 적극적으로 자료를 찾아보고, 누군가에게 질문도 하면서 그것을 이해하기 위해 노력해야 한다.

느린 학습자들은 독해를 할 때 자신의 장기 기억 속 경험과 지금 읽고 있는 지식을 잘 연관 지어 생각할 수 없다. 함께 책을 읽고 있는 교사나 부모가 책의 내용과 관련된 장기 기억 속의 경험을 끄집어내어 연관 지을 수 있도록 돕는 것이 필요하다. "저번에 배운 것 기억나니?"라든가 "TV에서 보았던 것 기억해?"라고 이미 알고 있는 것들을 머릿속에 떠올릴 수 있도록 도와야 한다. 경험과 책 읽기를 연관 짓는 과정은 책을 읽기 전이나 책을 읽는 도중에 자주 해야 하는 활동이다.

만약 책에서 느린 학습자들이 이해하기 어려운 내용이 들어 있다면 교사나 부모는 인터넷에서 자료를 직접 검색하여 찾아보고 학생이 쉽게 이해할 수 있도록 도와야 한다. 시간이 충분하다면 학생 스스로 자료를 검색할 수 있도록 허용하는 것도 좋다.

설명글 이해와
이야기 글 이해

'설명글'은 어떤 것(사물이나 사건 등)에 대하여 읽는 사람이 쉽게 이해할 수 있도록 쓰인 글이다. 이해하기 쉽게 설명하는 것이 목적이다. 주로 설명하고자 하는 것이 무엇인지를 먼저 제시하고 나서 관련된 사례를 열거하는 형식으로 되어 있다. 이와 달리 '이야기 글'은 독자가 마치 자신이 경험한 것처럼 느끼고 즐길 수 있도록 쓰인 글이다. 여러 등장인물이 만들어내는 상황과 등장인물들의 감정을 자신이 경험한 것처럼 몰입하여 읽는 과정이 필요한 글이다. 두 가지 글은 서로 다른 방식의 이해를 요구하기 때문에 독해 지도를 할 때에도 다르게 지도해야 한다.

설명글 이해

먼저 설명글은 글쓴이가 설명하고자 하는 의도가 무엇인지를 파악해야 한다. 느린 학습자들이 글쓴이가 설명하고자 하는 것이 무엇인지를 먼저 찾도록 연습해야 한다. 그런 다음 학생들이 글쓴이가 설명하고자 하는 것이 이미 알고 있거나, 경험하였던 것인지를 말해보도록 해야 한다. 만일 학생들이 경험했던 내용이라면 글을 읽음으로써 더 많은 것을 배우도록 하기 위해 관련 자료들을 찾아서 보여주고 설명해주는 식의 지도 방법이 필요하다. 그 이후 독해 정도를 알아보기 위해 학생에게 다음과 같은 질문을 해보자.

- 글쓴이가 주로 말하고 싶은 것은 '무엇'에 관한 것인가?
- 그 '무엇'을 이전에 해본 경험이 있는가?
- 글을 통해 알아야 할 것은 무엇인가?

만일 김밥을 만드는 방법에 대한 설명글을 읽고 있다고 생각해보자. 다음과 같은 질문을 하면서 학생들이 스스로 생각하는 연습을 하게 된다면, 글을 더 잘 이해할 수 있을 것이다.

- 글은 무엇을 만드는 방법에 관해 설명하고 있는가?
- 집에서 김밥 만드는 것을 본 적이 있는가?
- 우리 집에서는 김밥을 만들 때 어떤 재료들을 준비하나?
- 김 위에 제일 먼저 올리는 재료는 무엇인가?
- 글에서 설명하는 내용과 우리 집에서 김밥 만드는 과정은 어떻게 다른가?

이야기 글 이해

　이야기 글은 설명하는 글과는 다른 특성이 있다. 등장인물이 있고, 사건이 있으며, 사람들 간의 상호작용이 들어 있다. 이야기 글은 대체로 흥미와 재미를 위해 만들어졌지만 읽는 사람이 등장인물, 사건, 사람들 간의 상호작용을 이해하지 못한다면 읽는 즐거움을 누릴 수 없다. 느린 학습자들은 대체로 이야기 글을 좋아한다. 하지만 글의 내용이 길고 복잡하면 이야기 글 읽기를 부담스러워하여 스스로 찾아서 읽지 않게 된다.

　느린 학습자들에게 이야기 글을 이해하고 흥미를 느낄 수 있도록 지도하기 위해서는 먼저 이야기 글을 이해하는 방식을 가르쳐줄 필요가 있다. 이때 '스토리 그래머'를 이용한 방법이 가장 효과적이다. 스토리 그래머는 이야기를 구성하고 있는 문법 구조를 말한다. 보통 시간, 공간, 등장인물, 사건 시작, 전개, 결말 등의 구성요소로 이루어져 있다. 이야기를 읽고 즐기는 사람들은 이야기 글을 읽을 때, 자동으로 머릿속에 스토리 그래머를 떠올리고 그 구성요소를 통해 이야기의 내용을 이해하려고 한다.

줄거리 말하기 연습을 통해 스토리 그래머를 연습시킬 수 있다. 느린 학습자들에게 이야기를 읽고 나서 이야기의 줄거리를 편하게 말하도록 하면 된다. 느린 학습자가 줄거리를 말할 때 주로 생략하는 스토리 그래머의 구성요소가 있다면, 반복해서 위에서 제시한 질문을 통해 스토리 그래머 요소를 채워서 말하도록 연습해야 한다.

느린 학습자들이 이야기의 줄거리를 잘 말할 수 있게 되어야 내용과 관련된 다양한 질문에 답을 할 수 있다. 이야기 글을 읽고 줄거리를 말하지 못한다면 진정한 의미의 글 이해가 되었다고 볼 수 없기 때문이다.

느린 학습자에게 '수학'이란 읽기보다 훨씬 배우기 어려운 과목이다. 기본적으로 수에 대한 감각이 부족하기 때문이다. 또 수 세기를 한다고 해도 수가 어떤 규칙으로 변하는지에 대한 이해 없이 무조건 외우기 때문이다.

이처럼 불완전한 이해를 기반으로 수 계산을 익히고, 상급의 수학지식을 배우는 학교 수업을 통해서는 느린 학습자들이 진정한 수학 실력을 키워나가기 어렵다.

느린 학습자들이 수 감각을 충분히 익히고, 수 규칙에 대한 이해 및 기억을 발달시킴으로써 수학의 기초를 탄탄히 다질 필요가 있다. 이번 장에서는 느린 학습자들에게 효과적인 수학 지도법에 관해 설명하고자 한다.

PART 7

느린 학습자에게
효과적인 기초 수학 지도법

기초 수 개념:
수 감각과 수의 규칙

    수학은 대표적인 단계적 교과 영역이다. 기초 단계를 다지지 않고 상위 단계로 나아가기 어렵기 때문이다. 기초 단계는 다음 단계의 바탕을 이루기 때문에 기초 단계를 충분하게 다지지 않고 다음 단계로 발전할 수 없다.

    수학에서 가장 기본 단계는 기초 수학 개념을 형성하는 것이다. 보통은 초등학교에 입학하기 이전부터 수 개념 학습을 시작한다. 물건의 크기나 양, 많고 적음, 순서 등과 같은 기본적인 수 개념은 영유아기 때부터 자연스럽게 터득해간다. 기초 수 개념을 바탕으로 더욱 고차적이고 추상적인 개념인 집합, 확률, 함수, 도형 등에 대한 학습을 진행할 수 있다. 따라서 기초 수 개념에 대한 확립 없이는 상급 학년의 수학 학습을 진행할 수가 없다.

    하지만 느린 학습자들은 또래들이 영유아기부터 자연스럽게 습득하는 기초 수 개념을 쉽게 학습하지 못한다. 주의력이나 기억력이 또래보다 부족한 느린 학습자들이 제 힘으로 기초 수 개념을 터득하지 못한 채 지나갈 수 있다. 교사와 부모가 놓치고 지나가지 않도록 도움을 주어 기초 수 개념을 확립해주어야 한다.

느린 학습자들이 기초 수학 개념을 이해하기 위해서는 기본적으로 두 가지 기본 능력을 개발해야 한다. 하나는 '수 감각(number sense)'이고, 다른 하나는 '수의 규칙성(number regularity)'이다.

수 감각은 사물과 수의 대응 관계를 이해하는 것이며, 사물의 양적 특성을 수로 표현할 수 있는 능력을 말한다. 예를 들면 사과가 세 개 놓여있을 때 "3"이라는 숫자를 떠올릴 수 있는 것이다. 수 감각이 부족한 아이들은 어떤 사물 몇 개와 수를 연결 짓지 못한다. 또한 하나, 둘, 셋, 넷, 다섯이라고 말할 수 있고, 동시에 1, 2, 3, 4, 5라고 말할 수 있으나, 둘이 "2"라는 것을 모르는 것은 수 감각이 부족하기 때문이다.

〈사물과 수의 대응〉

느린 학습자들은 수의 규칙성에 대한 이해가 부족하다. 숫자는 1부터 10까지 차례로 나열된 다음에 다시 11부터 20까지 나열되고, 또다시 21부터 30까지 나열되는 방식으로 반복되는 규칙을 가지고 있다. 숫자 하나하나는 1씩 커지면서 숫자가 이어진다. 그래서 규칙적으로 숫자를 건너뛰면서 말하게 되면 일정한 규칙성을 가진 숫자를 말할 수 있다.

〈수의 규칙성〉

```
 1   2   3   4   5   6   7   8   9  10
11  12  13  14  15  16  17  18  19  20
21  22  23  24  25  26  27  28  29  30
..............
```

수 세기(counting)는 수의 규칙성을 전제로 하여 진행하게 되는데, 느린 학습자의 머릿속에는 규칙적인 수 배열로 정리된 수 매트릭스가 입력되어 있지 않다. 즉 수에 대한 표상이 만들어져 있지 않다.

표상(symbol, representation)이란 머릿속에 어떤 사물에 대한 이미지를 형성하는 것을 말한다. 수 표상이 부족한 느린 학습자들은 수의 규칙적 패턴에 대한 이미지를 머릿속에 가지고 있지 못하기 때문에 수 세기나 수 규칙에 대하여 정확하게 이해하기 어려운 것이다.

기초 수학 도구: 연산

기초 수학지식을 기능적 측면과 이해적 측면으로 구분한다면, 수 감각과 수 규칙성은 이해적 측면이고, 연산은 기능적 측면에 해당한다. 사물을 수로서 표현한다는 것이 무엇인지를 이해하는 것이 수 감각이나 수 규칙성이라면, 일상의 여러 가지 문제해결 상황에서 숫자를 적용하려 하는 기능적 사용에서 연산을 이용한다.

〈기초 수 지식의 활용영역〉

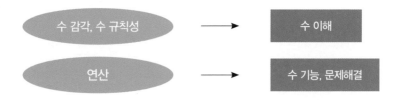

결국 연산은 도구이다. 연산능력은 일상생활에서도 필요하고, 학교 학습에서도 필요한 중요한 도구인 셈이다. 연산능력이 제대로 형성되어 있지 않으면 일상에서도 돈 계산이나 시간 계산 등에서 여러 실수를 반복하게 될 것이며, 학교에서는 상급 학년에 필요한 수학 학습을 제대로 해낼수 없을 것이다. 도구로서 연산능력이 충분히 훈련되어 있지 않으면 계산속도도 느려지고 정확도도 떨어진다. 즉, 연산능력이 충분히 발달했다는 것은 적절한 속도로 계산할 수 있고, 계산에서 실수가 거의 없는 상태에 도달했음을 의미한다.

"10" 가르기와 모으기

연산을 잘하기 위해서는 가르기와 모으기를 잘 이해할 필요가 있다. 6은 5와 1로, 7은 5와 2로 나눌 수 있어야 한다. 특히 10의 보수를 이해하기 위해 10을 여러 가지 수로 가르고 모으는 연습을 충분히 해야 한다.

느린 학습자들은 가르기와 모으기의 활동을 충분히 반복하여 숫자로 말할 수 있다고 해도 이것이 어떻게 덧셈과 뺄셈으로 연결되는지를 이해하지 못하는 경우가 많다. 가르기와 모으기를 할 때에는 덧셈식과 뺄셈식으로 연관 지어 공부하도록 해야 한다.

또한 느린 학습자들은 가르기와 모으기를 할 때 실물활동을 하고 나서 반드시 연상활동을 해야 한다. 느린 학습자들이 실물을 가지고는 제법 수를 잘 말하다가도 실물 없이 말로만 가르기와 모으기를 하게 되면 대답을 하지 못하는 경우가 많다. 머릿속 표상활동이 활발하지 못하기 때문이다.

가르기와 모으기 활동은 〈실물활동〉과 〈연상활동〉을 함께 해야 한다.

〈가르기와 모으기 지도순서〉

1단계: 실물활동(바둑돌이나 사탕 등)

● ● ● ● ● ● ● ● ● ● → ● ● ● ●(4)　　　 ● ● ● ● ● ●(6)

2단계: 실물활동(바둑돌이나 사탕 등)의 심화(덧셈과 뺄셈)

● ● ● ●(4)　　 ● ● ● ● ● ●(6) → ● ● ● ● ● ● ● ● ● ●

　　　4　　　+　　　6　　　=　　　10

3단계: 연상활동 – 구체물 없이 말로만 묻고 답해 보는 활동

잘 모르겠는데....

바둑돌 4개와 6개를 더하면 모두 몇 개일까?

단계	활동	내용
1단계	실물활동	바둑돌이나 사탕과 같은 실물을 가지고 가르기와 모으기를 연습한다.
2단계	실물활동+덧셈(뺄셈)	바둑돌이나 사탕으로 가르기와 모으기를 시행한 후 덧셈식 또는 뺄셈식으로 표현해본다.
3단계	연상활동	말로만 바둑돌이나 사탕을 더하거나 빼는 과정에 대한 문제를 내고 맞추어본다.

10 이상 20 이내의 덧셈과 뺄셈

기초 연산 훈련을 할 때 모든 계산의 기초는 10~20 이내의 수를 가지고 하는 덧셈과 뺄셈에 있다. 10 이상 20 이내의 숫자를 가지고 빠르고 정확하게 덧셈과 뺄셈을 할 수 있다면 이후에 배우게 될 곱셈과 나눗셈의 정확도도 높아진다.

손가락셈

수많은 학습 장면에서 수 세기나 기초 연산을 가르치기 위해서 손가락셈을 활용한다. 하지만 손가락셈에 익숙해진 느린 학습자들은 쉽게 손가락으로 셈하는 방법에서 벗어나지 못한다. 머릿속으로 표상을 만드는 데 어려움을 나타내는 느린 학습자들에게 단기적으로 손가락셈은 쉽게 수 세기와 덧셈과 뺄셈을 배울 수 있도록 하는 도구가 될 수 있지만, 익숙한 방법에서 벗어나지 않으려고 하는 느린 학습자들의 특성을 생각하면 어렵더라도 손가락셈이 아닌 머릿속 표상을 활용하는 연상학습에 익숙해져야 한다.

수를 더하고 빼는 과정을 이해시키기 위한 거라면 손가락셈보다는 실물을 가지고 개념을 이해하도록 하고 나서 연상을 통해 머리로 셈하는 법을 익히는 것이 낫다. 장기적으로 손가락셈에 익숙해진 느린 학습자들은 손가락셈을 활용하고 싶어서 머리로 셈하는 것을 거부하거나 회피하려는 모습을 보일 수 있기 때문에 연상을 통해 수 계산하도록 지도하는 것이 효과적이다.

실천 1:
직관적 수 세기 지도하기

'직관적 수 세기(subitizing)'란 숫자를 세지 않고 바로 알아채는 것을 말한다. 언뜻 보기에는 수 세기처럼 보이지만, 한눈에 세지 않고도 수가 어느 정도인지를 알아채는 것을 말한다.

2001년 경북대학교 박영신 교수에 따르면 직관적 수 세기는 사물들을 일일이 세지 않고 전체의 수를 파악하는 과정으로서 별로 인지적 노력이 들지 않으며 비교적 정확한 반면에, '하나하나 수를 세는 과정'은 인지적인 노력이 들며 수를 세는 과정에서 오류가 발생할 수 있으며 '직관적 수 세기'보다 덜 정확한 편이라고 하였다.

원(Wynn, 1955)은 직관적 수 세기는 타고나는 기본 능력으로서 이후의 수 능력 발달에 기초가 된다고 하였다. 마찬가지로 2007년 하눌라 박사는 직관적 수 세기가 초기 수 세기 발달에 큰 영향을 준다고 주장하였으며, 덴

버대학교의 클레멘트 교수와 사라마 교수 또한 직관적 수 세기의 중요성을 강조하였다. 연구자들은 진정한 의미의 수 세기 능력이 발달하기에 앞서 4~5 이하의 수량을 직접 세지 않고 눈으로만 보아도 수량을 인식하는 능력, 즉 직관적 수 세기 능력이 발달해야 한다고 강조했다.

클레멘트 교수는 학령기 학생들의 초기 수 세기 발달에서 일정한 패턴으로 나열된 점의 개수를 정확하게 인식할 수 있는 직관적 수 세기 능력을 강조하였다. 예를 들어, 점 3개가 두 줄로 제시되어 있을 때 그 패턴(3×2)을 인식하고 전체의 수를 빠르게 '6'으로 인식하는 것이다.

<직관적 수 세기>

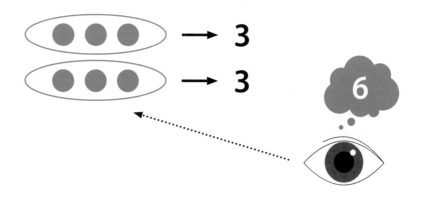

학생들이 큰 수의 대상들을 익숙한 2~4개의 작은 단위로 묶고, 자료의 배열 형태에 따라 작은 단위들을 합산할 수 있게 되면 학생들은 직관적 수 세기를 하는 능력이 있다고 본다. 일반적으로 배열의 형태가 사각형, 선형, 원형, 임의 배열의 순으로 직관적 수 세기 하는 속도가 느려진다.

<9개의 점>

직관적 수 세기 지도방법 1: 할리갈리 보드게임

할리갈리(Halli Galli)는 누구나 아는 보드게임이다. 이 게임은 이스라엘 게임 디자이너 Haim Shafir가 디자인하고, 독일의 아미고 출판사에서 만들었다. 모두가 알다시피 종을 한가운데 놓고 마주 앉은 사람들이 번갈아 가면서 카드를 뒤집어 같은 모양의 과일이 5개가 되면 먼저 종을 치고 카드를 가져가면 되는 게임이다.

할리갈리는 순발력이 매우 필요한 게임이지만, 무엇보다도 직관적 수 세기 능력이 필요한 게임이다. 종을 재빠르게 쳐야 하는 상황에서 일일이 과일의 개수를 세기보다는 눈으로 척 보고 몇 개인지를 알아야 하기 때문에 순간적인 수량에 대한 판단력을 요구한다.

할리갈리를 이용하여 5 이하의 직관적 수 세기를 하는 능력을 기를 수도 있지만, 10 이하의 직관적 수 세기 능력을 기를 수도 있다. 같은 과일이 7개 나오면 종치기, 9개 나오면 종치기로 규칙을 변경해서 게임을 진행하면 되기 때문이다. 또 다른 방법으로는 종을 그대로 두고 새로운 종이 카드를 만들어서 점을 그리거나 스티커를 붙여서 6개 나오면 종치기, 8개 나오면 종치기 등의 창작게임으로 확장해볼 수 있다.

○ 직관적 수 세기 지도방법 2: 주사위와 점 그룹핑하기

점이 가득 찍힌 종이와 주사위 2개를 준비한다. 처음에는 한 개만 던져서 나온 숫자만큼 먼저 점을 그룹핑하는 사람이 자신이 정한 색깔 펜으로 숫자를 쓰고, 나중에 자신의 색깔 펜의 수를 합산하여 많으면 이기는 게임이다. 익숙해지면 주사위 2개를 던져서 두 개의 주사위 점을 합한 수만큼 그룹핑하는 게임을 하면 된다. 앞서 말한 할리갈리와 마찬가지로 빠르게 점의 수를 직관적 수 세기 하는 능력을 길러주는 것이 게임의 주목적이다.

<점 찍고 5개씩 묶기 게임>

직관적 수 세기 지도방법 3: 도트 카드를 이용하기

점이 찍힌 도트 카드를 만들어서 학생과 함께 수를 적어보는 활동을 할 수 있다. 역시 일일이 세는 과정 없이 한눈에 보고 '척' 하고 수를 말할 수 있도록 돕는 과정이다. 앞의 활동과 마찬가지로 되도록 빠른 속도로 정확한 수를 말할 수 있도록 하는 게임이다.

경험으로 볼 때 도트 카드를 이용한 직관적 수 세기 연습은 15 이하의 숫자를 빠르고 능숙하게 말할 수 있을 때까지 진행해야 도움이 된다. 이러한 과정은 수 감각 능력을 길러주고, 이후 수 세기 및 수 규칙성의 기초를 탄탄히 형성해준다.

<도트 카드>

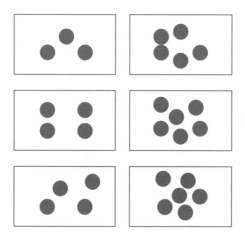

실천 2:
100 수판을 이용한 수 규칙 이해

100 수배열판(100 number chart)은 우리가 이미 자주 사용하고 있는 교구이다. 가까운 문구점이나 할인점에서 쉽게 구할 수 있고, 교사나 부모가 쉽게 그려서 사용할 수도 있다. 기본적으로 100 수배열판은 가로×세로 = 10×10으로 된 100칸 매트릭스에 숫자를 1부터 100까지 순서대로 적어놓은 판이다.

〈수배열판〉

1	2	3	4	5	6	7	8	9	10
11	12	13	14	15	16	17	18	19	20
21	22	23	24	25	26	27	28	29	30
31	32	33	34	35	36	37	38	39	40
41	42	43	44	45	46	47	48	49	50
51	52	53	54	55	56	57	58	59	60
61	62	63	64	65	66	67	68	69	70
71	72	73	74	75	76	77	78	79	80
81	82	83	84	85	86	87	88	89	90
91	92	93	94	95	96	97	98	99	100

100 수배열판을 활용하여 기본적인 수 세기는 물론 수의 규칙을 쉽게 익힐 수 있다. 수배열판을 다양하게 활용함으로써 1~100까지 수 매트릭스가 머릿속에 개념화되고 이미지로서 표상이 만들어지도록 해야 한다. 즉, 1부터 100까지 수배열판이 머릿속에 들어 있어야 한다. 수배열판의 표상은 수 변화에 대한 이해 및 연산의 기초를 형성하여 빠르고 정확하게 수를 다룰 수 있게 한다.

기본적인 수 개념을 만들기 위해서는 수를 차례로 셀 줄 알아야 하고, 수의 규칙적인 변화를 이해해야 한다. 100 수배열판을 활용하여 다음과 같은 활동을 해보자.

- 차례로 수 세기
- 거꾸로 수 세기
- 번갈아 수를 이어서 세기
- 2씩 커지는 수 세기
- 3씩 커지는 수 세기
- 5나 10씩 커지는 수 세기

활용 1: 수 세기

100 수배열판을 펼쳐 놓고 수를 차례로 읽어보도록 할 수 있다. 또한 특정 숫자를 가리고 읽어보도록 할 수 있다. 규칙적으로 가리고 수를 읽어도 되고, 불규칙하게 숫자를 가리고 수를 읽어도 된다. 충분한 수 세기를 통해 머릿속에 100 수배열판의 표상이 형성되도록 하는 것이 목적이다. 학생의 머릿속에 100 수배열판의 그림이 그려질 수 있다면 수의 규칙을 스스로 생각해 낼 수 있게 될 것이고, 2배수, 3배수와 같은 배수의 개념도 쉽게 이해할 수 있다.

활용 2: 수 세기

100 수배열판을 펼쳐놓고 100부터 거꾸로 수를 읽어나가는 연습을 충분히 하는 것이 필요하다. 어느 정도 거꾸로 읽어나가는 것이 가능해지면 어느 한 줄을 종이로 가리고 말해보도록 해도 좋다. 수를 거꾸로 헤아리면서 거꾸로 수가 어떻게 배열되는지 규칙을 이해하는 것은 수 세기 능력이 향상되는 것은 물론, 주의집중력에도 도움이 된다.

수배열판을 보면서 거꾸로 말하는 것에 익숙해졌다면, 반드시 눈을 감고 보지 않은 상태에서 거꾸로 수를 말하는 연습도 해야 한다. 수를 거꾸로 말하기 위해서는 머릿속에 100 수배열판의 표상이 형성되어야 하는데, 만일

보지 않고 수를 거꾸로 말하지 못한다면 아직 수배별판의 표상이 만들어지지 않은 것이다.

활용 3: 10씩 커지는 수 세기

10씩 커지는 수 세기를 위해서는 건너뛰며 수를 세는 능력이 있어야 한다. 느린 학습자들에게 10씩 커지는 수를 말해보라고 하면 "10, 20, 30" 이렇게 바로 말하지 못한다. 꼭 10을 말하고 나서 손가락으로 "11, 12, 13, 14, …… 19, 20"이라고 처음부터 모든 수를 세고 나서 10이 커진 수를 말한다. 이는 수를 머릿속에 표상화하지 못하고 있기 때문에 생각만으로 10 커진 수를 말하지 못하고, 일일이 수를 세어서 말할 수밖에 없는 것이다. 이렇게 일일이 수를 세면서 대답하려 한다면 제한된 기억 용량에는 모든 정보를 담을 수 없어서 연산하는 데 시간이 오래 걸리거나, 정확한 답을 얻지도 못하게 된다.

100 수배열판을 활용하여 10씩 커지는 숫자를 몇 개 가리고 나서 차례로 말해 보는 활동을 해보자. 재미있게도 100 수배열판에서는 10씩 커지는 수가 수직으로 내려가면서 말하면 되므로 답하기도 쉽다. 여러 가지 수를 가지고 10씩 커지는 수를 차례로 말해보도록 하여 충분하게 10배수에 대하여 익힐 수 있도록 해야 한다.

수배열판 활동을 충분히 했다면, 반드시 수배열판을 치우고 머리로 생각하여 10씩 커지는 수를 말해보도록 해야 한다. 학생이 쉽게 답을 말하지 못한다면 수배열판을 다시 보여주면서 규칙이나 원리를 이해하게 지도하면 된다. 몇 가지 수를 가지고 10씩 커지는 수에 대하여 수배열판 없이 생각만으로 답하는 활동을 충분히 해야 한다.

활용 4: 이어 세기

이어 세기는 교사와 학생이 100 수배열판을 보면서 수를 몇 개씩 차례로 읽어보는 활동이다. 예를 들어 교사가 먼저 1, 2, 3이라고 읽고 나서, 학생이 4, 5, 6, 7, 8이라고 읽으면, 교사가 다시 이어받아서 9라고 읽는다. 그러면 역시 같은 방법으로 학생이 10부터 이어서 말하면 된다. 수판을 가지고 몇 차례 이어 세기를 해보고 나서 수배열판이 없이 같은 활동을 하면 된다. 한 사람이 수를 말하고 싶은 만큼 말하도록 하고 다음 사람에게 순서를 넘기면 이어받아서 수를 이어서 말해보자.

생각보다 학생들이 '이어 세기'를 좋아하는데, 먼저 틀리거나 말하지 못한 사람이 벌칙을 받도록 하면 더욱 즐겁게 활동할 수 있다. 이 활동은 상대방의 수 세기에 집중하도록 하며, 동시에 어떤 수를 말해야 하는지를 생각하도록 하기 때문에 평소보다 많은 집중력을 필요로 한다. 따라서 간단하게 이어 세기를 함으로써 학생들의 집중력을 향상시킬 수 있다.

활용 5: 3씩 커지는 수 세기

3씩 커지는 수 세기를 2씩 커지는 수 세기, 5씩 커지는 수 세기, 4씩 커지는 수 세기로 연결 지을 수 있다. 100 수배열판을 펼쳐놓고 규칙적으로 수를 가려놓고 나서 그 자리에 어떤 수가 오는지 맞혀보도록 한다. 이러한 활동은 배수의 개념을 자연스럽게 터득하도록 한다.

이 활동은 3씩 커지는 수를 종이에 써보도록 하거나, 5씩 커지는 수를 종이에 써보는 활동으로 연결 지을 수 있다. 먼저 수배열판을 보면서 스스로 말해보는 과정을 하고 그다음 단계로 스스로 생각하여 종이에 써보도록 하는 과정으로 진행하면 학생 스스로 배수의 개념을 이해할 수 있다. 이때 손가락셈을 사용하려는 학생들이 종종 있는데, 손가락을 사용하지 못한다는 규칙을 미리 정해놓고 시작하자. 만일 숫자가 생각나지 않아 손가락을 사용하려고 한다면 대신 100 수배열판 위에서 해당하는 답을 직접 찾게 지도하는 편이 낫다.

실천 3:
1~19 사이의 수 암산

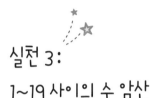

느린 학습자들은 셈을 잘하지 못한다. 느린 학습자들에게 덧셈과 뺄셈을 하도록 과제를 주면 어느 정도 학습이 된 아이들도 손가락을 가지고 하는 손가락셈이나 필산 즉, 종이 위에 일일이 써가면서 계산하는데, 그마저도 정확하게 맞는 경우가 적다. 그러다 보니 느린 학습자들은 일찍부터 수학을 포기하고 숫자만 나오면 주눅이 들어서 책상에 엎드리거나 선생님과 눈을 마주치지 않기 위해 눈길을 피하는 모습을 자주 나타낸다.

왜 이들은 계산을 잘하지 못할까? 가장 큰 이유는 머릿속에 숫자를 남겨놓지 못하기 때문이다. 이를 '**표상의 어려움**'이라고 한다.

숫자는 일종의 상징기호(sign)로 계산하기 위해서는 숫자 중에서도 어떤 수는 머릿속에 남겨놓고 다른 수를 가지고 계산에 활용해야 한다.

〈예시〉

17+25를 계산한다면,

7과 5를 계산하여 12가 되면, 그중에서 '2'는 남겨놓고 '10'은 17의 '10'과 25의 '20'과 함께 더해주어야 한다.

　이러한 과정은 2라는 숫자를 남겨 놓은 채, 10+10+20을 하여 '40'을 얻고 나서 다시 2를 더하여 '42'가 되는 과정을 실행해야 한다. 그러기 위해서는 여러 숫자를 계산하는 동안에 어떤 수는 머릿속에 남겨놓고(기억하고), 다른 수를 계산에 사용하는 과정이 필요한데, 느린 학습자들은 이 과정을 하는 것이 매우 어렵다. 이는 수 계산이 여러 수를 다루는 동시처리과정을 요구하며, 동시에 여러 숫자를 다루기 때문이다.

　동시처리는 머릿속에 들어간 여러 정보를 동시에 다루는 능력을 말한다. 느린 학습자는 동시에 들어온 여러 정보를 다루는 능력이 부족하다. 이러한 결함은 수 계산의 어려움을 가져온다. 하지만 작은 수를 가지고 동시적 처리를 하는 과정을 연습하고 반복한다면, 그 결함을 조금이나마 극복할 수 있다.

　이를 위해 필수적으로 해야 하는 과정이 '암산'이다. 많은 이들은 느린 학습자들이 암산을 어려워하기 때문에 계산기를 사용하도록 허락하자고 한다. 물론 실생활에서는 수 계산의 어려움을 덜어주기 위해 암산보다는 계산기를 사용하도록 하는 것이 좋을 수도 있다. 하지만 느린 학습자가 가진 인지적 한계를 이겨내도록 하기 위해서는 적은 수부터 차근차근 암산 지도를 하는 것이 도움이 된다.

- 1단계: 1~5를 가지고 덧셈과 뺄셈 암산
- 2단계: 1~10까지의 수를 가지고 덧셈과 뺄셈 암산
- 3단계: 1~19까지의 수를 가지고 덧셈과 뺄셈 암산

덧셈과 뺄셈을 하는 과정을 아주 많이 반복하자. 이 과정에서 간단한 덧셈과 뺄셈을 위한 숫자 상징이 머릿속에 뚜렷이 각인되어, 더 큰 숫자를 계산할 때 정신 에너지가 적게 들 수 있다.

활용 1: 주사위 2개 가지고 보드게임하기

주사위 2개를 던져서 더한 수만큼 말을 이동하도록 하거나, 주사위 2개를 던져서 큰 수에서 작은 수를 빼서 나온 수만큼 토큰을 가져가도록 하는 형식의 보드게임을 하면서 1~6까지의 덧셈과 뺄셈을 암산하도록 할 수 있다. 보드게임용 말판을 도화지에 그려서 창작 보드게임을 만들 수도 있고, 뱀 주사위 놀이처럼 시중에 판매하는 주사위 게임을 활용해도 좋다. 이

때 주사위를 2개 이상 던져서 계산하는 활동이 포함되면 저절로 암산을
연습할 수 있다.

활용 2: 볼링 게임을 하면서 1~10까지 계산하기

볼링 핀으로 사용할 빈 병을 준비하고 공, 화이트보드를 준비하여 볼링
핀을 쓰러뜨린 수만큼 수를 더해주어 계산한다. 되도록 머리로 계산하여
나온 답만 화이트보드에 쓰도록 하여 암산하는 능력을 길러주면 좋다. 볼
링 핀을 하나도 쓰러뜨리지 못하면 1~2점씩 감점하는 식의 벌칙을 만들
면 자연스럽게 뺄셈을 익힐 수 있다. 이 밖에도 게임을 만들어서 1~10까
지의 수를 자연스럽게 계산하도록 유도해보자. 1~10의 수는 더 큰 수에 비
해 간단하기 때문에 자연스럽게 암산할 수 있을 때까지 충분히 연습하는
것이 좋다.

학습지에 적힌 덧셈과 뺄셈식을 계산하도록 하는 것보다 놀이 활동을
통해 덧셈 뺄셈과 친해지도록 지도하자. 이는 무조건 반복하도록 하는 필
산보다 수의 양적 개념을 자연스럽게 이해할 수 있기 때문이다.

활용 3: 카드놀이를 이용하여 암산하기

시중에서 판매하는 놀이용 카드를 이용하여 먼저 "숫자 12 만들기" 게임을 할 수 있다. 상황에 따라서는 13~20까지의 수를 만들기로 규칙을 변경해도 좋다. 게임 참여자가 각각 카드를 7장씩 나누어 갖고, 12 숫자(J, Q, K는 각각 10, 11, 12로 정한다)가 있거나, 두 개 이상의 카드가 더하여 12가 되면 버릴 수 있도록 하여, 손에 쥔 카드를 모두 버린 쪽이 이긴다는 규칙으로 덧셈 암산 연습을 할 수 있다.

<놀이용 카드>

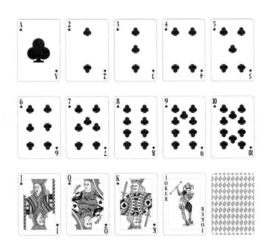

활용 4: 주사위 빙고게임

가까운 문구점에서 빨간색 주사위 2개와 파란색 주사위 1개를 사서 던지면서 암산 연습을 할 수 있다.

① 종이 위에 가로*세로 = 5*5의 빙고 판을 그려놓는다.

② 그 안에서 자기가 쓰고 싶은 숫자를 써놓은 다음 빨간색 주사위 2개, 파란색 주사위 1개를 동시에 던진다.

③ 빨간색 주사위 수끼리 더한 다음 파란색 주사위 수를 빼서 나온 수를 구한다.

④ 빙고 판에서 해당 숫자를 찾아서 지운다. 해당 숫자가 없으면 패스하면 된다.

규칙은 상황에 맞게 조정하면서 빙고 판 지우기를 하면 자연스럽게 암산 연습을 할 수 있다.

그 밖에도 암산능력을 기를 수 있는 놀이를 찾아서 활용하면 계산하는 능력을 지루하지 않게 키워나갈 수 있다. '할리갈리 게임'을 이용하거나, '우노카드'를 이용하는 방법이 있고, 계산력을 기르기 위해 만들어진 '메이크 10'이나, '셈셈 수놀이 시리즈' 등을 이용하면 재미있게 연산력을 기를 수 있을 것이다.

중요한 것은 간단한 숫자의 암산을 할 수 있는 능력은 더 복잡한 숫자 계산의 바탕을 만들어준다는 것이다. 간단한 숫자의 암산을 할 수 없어서 손가락으로만 헤아리거나, 반드시 종이에 계산해야 한다면 좀 더 복잡한 숫자의 계산을 감당하는 것은 무척 어려운 일일 것이다.

느린 학습자들이 여전히 암산을 익히는 단계가 어렵다고 하더라도, 장기적으로 학생의 인지적 부담감을 덜어주는 길이라고 생각하고 꾸준히 연습에 매진할 수 있도록 도와주자.

실천 4:
연산 100문제 매트릭스

　　느린 학습자들은 정보처리 속도가 느리며 동시처리를 잘하지 못한다. 즉 빠르게 정보를 이해하고 판단하여 문제를 해결하기 어려워하며, 동시에 여러 정보를 고려하는 능력이 떨어진다. 느린 학습자들의 이러한 특징은 수학 학습뿐 아니라, 대화할 때나 일상생활을 할 때 문제의 핵심을 이해하고 또래와 같은 속도로 주어진 과제를 이해하는 것을 어렵게 만든다. 가로와 세로에 숫자를 써놓고 덧셈과 뺄셈을 하는 매트릭스 연산은 정보처리 속도를 빠르게 만들어주며, 기초 수계산 속도를 능숙하게 만들어준다.

　　일본에서는 연산 매트릭스가 '기적의 100칸 연산'이라고 하여 기초학습 능력이 부족한 학생들에게 널리 사용한 바 있다. 기적의 100칸 연산은 기시모토 히로시의 『보이는 학력, 보이지 않는 학력』에서 소개된 방법을 가게야마라는 초등학교 교사가 일본의 효고현 야마구치 초등학교에서 재직

하는 동안 학생들에게 적용한 방법이다.

기적의 100칸 연산

가게야마 선생님은 매일 가로*세로=10*10으로 구성된 매트릭스를 이용하여 1~7주 동안은 0~9까지의 수를 순서를 섞어서 덧셈하도록 하였고, 그다음 7주 동안은 10~19까지의 수를 뺄셈을 하도록 하였다. 덧셈과 뺄셈을 어느 정도 할 수 있다면, 다음으로 0~9까지의 수를 서로 곱하도록 하였다. 매회 100문제씩 풀도록 하고 시간을 측정하였고, 3학년 이상의 학생들은 3분 이내로 풀 수 있도록 목표를 정하여 지도하였다고 한다.

보통 100문제 풀기를 매일 학교에서 2번, 숙제로 2번을 하도록 지시했는데, 한동안 하지 않으면 그 속도와 정확성이 떨어지는 것을 볼 수 있었다고 한다. 가게야마 선생님은 100문제 풀기에서 가장 중요한 것은 다른 친구들의 속도와 비교하는 것이 아니라, 자신의 속도를 줄여가는 것이라고 하였다.

이러한 과정을 경험한 학생들은 스스로 자신감을 얻을 수 있다. 100문제를 풀면서 매일 시간을 측정하는 과정은 느린 학습자의 정보처리속도를 빠르게 하고, 가로와 세로의 숫자를 동시에 고려하도록 함으로써 동시에 두 차원을 고려하도록 하여, 간단한 동시처리가 가능하도록 해준다.

탄탄한 연산력 기르기

교육 전문가들은 반복 학습이 주입식 교육 방법이며, 사고력을 향상시키는 데 도움이 되지 않는다고 말한다. 하지만 사고력이 원활하게 발달하기 위해서는 기본적인 학습에서 요구되는 기초인지과정 즉, 정보처리속도와 동시처리과정과 같은 능력이 탄탄하게 갖추어져야 한다. 느린 학습자에게 '연산 100문제 매트릭스'란 덧셈과 뺄셈을 반복하는 과정으로 기초수 계산법을 숙달하는 과정이기도 하지만, 그 과정 자체가 기초적인 정보처리속도와 동시처리과정을 촉진하는 과정이기 때문에 매우 의미 있는 수학 활동이다.

0~19 사이의 계산을 매트릭스 연습을 통해 숙달된다면 느린 학습자들이 기초 덧셈과 뺄셈을 하기 위해 큰 에너지를 소모하지 않아도 된다. 그다음 단계에서 익히게 될 나눗셈과 분수, 소수의 복잡한 계산에서 덜 어려워할 수 있다. 만일 0~19 사이의 덧셈과 뺄셈이 숙달되지 않은 상태에도 분수와 소수 등의 다음 단계로 학습이 넘어가게 되며, 느린 학습자는 스스로 수학학습능력을 발달시키지 못하고 포기해야 할 수 있다.

느린 학습자들이 100문제를 반복하는 과정이 힘들어서 꾀를 부리며 하기 싫어할 수도 있다. 하지만 이 과정이 다음 과정의 기반이 된다는 사실을 생각하면 충실하게 연습할 필요성을 인식할 수 있을 것이다. 우리 느린 학습자들이 수학을 포기하지 않고 좀 더 나은 수학능력을 기르기 위해서는 탄탄한 연산력을 갖추어야 한다는 점을 잊지 말아야 한다.

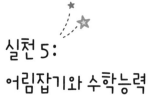

실천 5:
어림잡기와 수학능력

어림잡기(estimation)는 대강의 수와 양을 가늠하는 능력이다. 그런데 현장에서 느린 학습자들을 만나다 보면, 어림잡기가 잘되지 않는 아이들의 모습을 자주 발견한다.

선생님: "연필 한 자루의 길이가 몇 센티미터일까?"
학생: "음~~ 10미터 정도 되나요?"

선생님: "종이컵 안에 유리구슬(놀이 할 때 가지고 노는 작은 구슬)이 몇 개나 들어갈까?"
학생: "한 50개 정도요?"

이처럼 느린 학습자들은 길이나 물건의 양을 어림짐작으로 가늠하지 못한다. 어림잡기는 나눗셈을 할 때도 필요하다. 예를 들어 15÷3을 계산할 때 15라는 수 안에 3이 5번 정도 들어간다는 것을 이해하지 못한다. 수의 양에 대해 어림잡기가 가능하지 않기 때문이다. 어떤 이들은 구구단을 외우면 되지 않겠느냐고 말할지 모르지만, 실제로 15÷3은 15개의 과자를 3명에게 나누기 위해 대강의 수량을 어림잡는 능력이 있어야 답을 할 수 있는 문제이다. 즉, 어림잡기가 되지 않는 느린 학습자들은 나눗셈을 제대로 이해하기 어렵다.

어림잡기는 기초적인 수 세기와 보다 복잡한 연산의 다리와 같은 역할을 한다. 기본적인 수 감각, 수 세기를 익히고 나서, "보다 큰 수"에 대하여 추측하는 능력(어림잡기)을 발달시킴으로써, 그다음 단계에 이루어진 큰 수의 덧셈과 뺄셈, 곱셈 등을 빠르고 정확하게 할 수 있도록 기초를 만들어준다. 우리 느린 학습자들은 이러한 중간과정을 충분하게 가르칠 필요가 있다.

어림잡기는 정확한 수와 양을 맞추는 것은 아니지만, 자신의 수 감각을 기반으로 실제의 수량에 근접하게 수와 양을 추측하는 과정이다. 따라서 정확한 수 감각이 형성되어야만 어림잡기의 정확도도 높아질 수 있다.

어림잡기는 눈에 보이는 어떤 대상들의 수나 양, 길이 등을 판단할 때에도 필요하고(어림수), 실생활에서 암산으로 물건값을 계산할 때에도 필요하다(어림셈). 어림수를 할 때에는 직접 세지 않고 눈으로 대강 보고 맞추는 직관적 수 세기 능력이 필요하며, 어림셈을 할 때는 필산(종이에 문제를 풀기)보다는 암산이 더 요구된다. 느린 학습자들은 대체로 어림잡기를 잘하지 못하기 때문에 눈앞에 있는 수량을 파악하지 못하여 당황한다. 계산할 때에도 선뜻 계산식을 떠올리지 못하는 것이다. 따라서 느린 학습자들이 어림잡아 수를 세거나 어림잡아 계산하는 능력을 기를 수 있도록 연습하는 것이 필요하다.

시각적 재구성

'시각적 재구성'이란 직관적으로 수를 헤아리기 위해서 눈앞에 있는 사물들의 위치를 바꾸어 10단위 혹은 5개 단위 등 헤아리기 쉽게 모아보는 것을 말한다. 앞서 연습한 직관적 수 세기를 충분히 연습했다면, 더 많은 수를 가지고 대강 묶어보는 형태로 수를 어림잡아 볼 수 있다.

<10개씩 묶고 어림잡기>

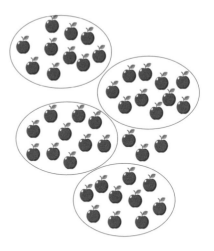

기본 단위 활용하기

기본 단위를 먼저 정하고 나서 그것을 가지고 전체의 길이나 양을 측정해 보는 것을 말한다.

〈예시 1〉

① 책상의 길이가 어느 정도인지를 알아내기 위해 10센티미터 정도 되는 막대나 끈을 준비한다.

② 기본 단위(막대나 끈)를 활용하여 직접 책상 길이를 측정해본다.

〈예시 2〉

① 작은 종이상자에 블록이 몇 개나 들어갈지를 알아내기 위해 블록을 준비한다.

② 기본 단위(블록)를 사용하여, 직접 종이상자의 가로와 세로를 측정해본다.

나눗셈을 하기 위해 바둑돌 활용하기

큰 수의 나눗셈을 위해 바둑돌을 사용하기는 어렵지만, 20 이하의 작은 수를 나누는 과정에서는 바둑돌을 이용하여 몇 묶음으로 나눌 수 있는지 생각해 보도록 할 수 있다. 그 과정을 충분히 이해하고 나면 나눗셈으로 바로 넘어가지 말고, 구구단을 이용하여 큰 수를 어떤 수로 나눌 수 있는지를 충분하게 연습하는 것이 좋다. 그 과정이 어느 정도 숙달되면 나눗셈으로 넘어가자.

- 바둑돌을 가지고 여러 묶음으로 나누는 과정을 어림잡아 보기

- 큰 수를 구구단을 이용하여 어떤 수로 나눌 수 있을지 어림잡아 보기

실천 6:
구구단 가르치기

우리 느린 학습자들은 구구단과 관련한 2가지 딜레마를 가지고 있다.

첫 번째, 2단부터 9단까지를 무조건 외우는 것이 너무 어렵다.

기본적으로 느린 학습자들은 기억하는 힘이 부족하다. 기억하기 위해 몰입하는 것이 다른 친구들보다 훨씬 더 머리 아프고 고통스럽게 느껴진다. 진짜다. 꾀를 부리는 것이 아니고 하기 싫어서 회피하는 것이 아니다. 잘 외우고 싶은데 잘 외워지지 않는 것이다. 또한 한번 외웠던 구구단도 금방 까먹고 생각해내지 못한다.

두 번째, 구구단의 원리와 구구단 외우기의 필요성을 잘 이해하지 못한다.

곱셈의 원리를 잘 이해하지 못하고 곱셈의 원리를 간단한 구구단으로 만들어 외우는 까닭을 잘 알지 못한다. 그래서 실생활에서 물건의 개수나

값을 구할 때 구구단을 활용하지 못한다.

구구단의 원리를 잘 이해하지 못하고 이를 실제로 어떻게 적용하는지 알지 못하는 느린 학습자를 위해 구구단을 외우기 전에 그 원리를 충분하게 지도할 필요가 있다. 또한 구구단을 배우면 실생활에서 다양하게 활용할 수 있다는 사실을 가르쳐야 한다.

구구단의 원리를 익히기 위해서 보통 '묶어서 세기'를 배우고 나서 곱셈으로 표현하는 과정을 거쳐 구구단을 외우는 단계로 이어진다. 느린 학습자들에게 이 과정을 가르치기 위해서 매회 복습하듯이 수업을 이어가는 것이 좋다. 묶어서 세기를 간단하게 익히고 나서 곱셈식으로 표현하는 과정을 완벽하게 이해할 때까지 반복하는 것이 필요하다.

진행 순서	지도 내용
1일차	묶어서 세기
2~5일차	(묶어서 세기) + (몇씩 몇 묶음)
5~6일차	(묶어서 세기) + (몇씩 몇 묶음) + (곱셈식)
7~9일차	(묶어서 세기) + (곱셈식) + (구구단의 빈칸 채우기)
10일 이후	(구구단 외우기)

묶어서 세기

묶어서 세기를 익히기 위해서는 구슬, 블록, 바둑돌, 사탕, 과자, 스티커 등의 준비물이 필요하다. 또한 앞에서 사용하였던 100 수배열판을 함께 준비해도 좋다. 먼저 100 수배열판을 옆에 놓고 잘 모를 때 참고하는 방식으로 한다. 그다음으로 바둑돌을 10~20개 정도 늘어놓고 5씩, 4씩 묶어보도록 한다. 이후 전부 몇 개인지를 물어보면 된다. 이때 100 수배열판에서 5씩, 4씩 건너뛰면서 읽었던 수와 같다는 것을 알게 해준다.

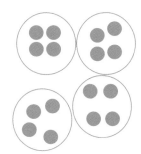

1	2	3	④	5	6	7	⑧	9	10
11	⑫	13	14	15	⑯	17	18	19	20
21	22	23	24	25	26	27	28	29	30
31	32	33	34	35	36	37	38	39	40
41	42	43	44	45	46	47	48	49	50
51	52	53	54	55	56	57	58	59	60
61	62	63	64	65	66	67	68	69	70
71	72	73	74	75	76	77	78	79	80
81	82	83	84	85	86	87	88	89	90
91	92	93	94	95	96	97	98	99	100

몇씩 몇 묶음

'몇씩 몇 묶음'은 처음에는 바둑돌이나 스티커를 가지고 간단하게 묶는 연습을 하면 되지만, 조금 익숙해지고 나면 실생활에서 어떻게 활용할 수 있을지를 함께 연습하는 것이 좋다. 느린 학습자들은 배운 것을 실생활에 응용하는 것이 어려워서 스스로 구구단의 원리를 널리 활용하지 못한다.

따라서 처음부터 '몇씩 몇 묶음' 하는 것이 단순히 구구단을 배우기 위한 기초과정으로만 인식하지 않고 일상생활과 연관 지을 수 있도록 연습하는 것이 좋다.

〈예시 1〉

계란 10줄씩 5개 = 10씩 5묶음

사과 8개씩 3봉지 = 8씩 3묶음

초콜릿 5개씩 8줄 = 5씩 8묶음

〈예시 2〉

쿠키 18개 = 5씩 3묶음, 그리고 3개 남음

    =6씩 3묶음, 남지 않음

〈예시 3〉

사탕 14개를 남지 않게 봉지에 담으려면 몇씩 몇 묶음으로 해야 할까?

몇씩 몇 묶음은 실생활에서 매우 널리 적용되는 개념이고, 구구단을 활용하기 위해 기본 개념을 형성한다. 하지만 학교에서는 몇 개씩 몇 묶음을 한두 번 배우고 넘어가기 때문에 느린 학습자들이 이것을 실생활에 적용될 수 있다는 사실조차 인식하지 못한다. 바로 구구단을 외우는 것으로 넘어가고 싶은 선생님이나 부모님도 계시겠지만, '몇씩 몇 묶음'의 의미를 충분히 익히고 나서 구구단으로 넘어가는 것이 기초를 탄탄히 하는 방법이다.

곱셈식

몇씩 몇 묶음의 개념을 충분히 익혔다면, 그것이 어떤 수의 몇 배라는 개념으로 연결 지어야 한다. 예를 들어 '5씩 3묶음'은 '5의 3배'라는 말과 같다는 것을 이해해야 한다. 언어 이해력이 부족한 느린 학습자들에게 같은 의미를 가진 여러 가지 용어를 가르치면 혼란스러워할 수도 있다. 하지만 우리는 앞서 '몇씩 몇 묶음'의 개념을 충분히 익혔으므로 이제 '몇 배'의 개념으로 연결 짓도록 가르쳐야 한다. 이 과정도 사탕이나 스티커와 같은 실물로 먼저 익히고, 학습지를 통해 '몇 개씩 몇 묶음'을 어떤 수의 '몇 배'로 표현하는 방법을 알려주고 스스로 곱셈식이 의미하는 바를 말해보도록 한다.

곱셈식 표현의 마지막 단계는 다시 실생활과 연관 지어야 한다. 예를 들어 사과 3개씩 5봉지를 곱셈식으로 표현하도록 하는 것이다.

느린 학습자들은 스스로 곱셈을 배우고 이를 생활에서 작용하는 것을 어려워한다. 그래서 많은 수의 물건이 있어도 일일이 하나씩 세는 방법을 택한다. 우리가 '몇씩 몇 묶음'이라는 활동을 충분히 하지 않으면 결코 수를 세기 위해 '배수'를 활용하거나 '곱셈'을 활용하려고 하지 않을 것이기에 다소 더디더라도 이 부분을 충분하게 다루었으면 좋겠다.

구구단 외우기

우리 느린 학습자들이 구구단을 완벽히 외우기란 매우 어렵다. 단순히 서너 번 연습해서 되는 문제가 아니다. 결론부터 말하자면, 지독하게 반복해서 외워야만 한다. 숫자만 대면 구구단을 말할 수 있는 경지에 오르지 못하면 수학을 잘하는 아이의 모습은 상상할 수 없다.

느린 학습자들은 혼자서 구구단을 잘 외우지 못하므로 누군가가 계속 집중해서 외우도록 점검해야 한다. 시간도 오래 걸리고, 외우는 과정이 피곤하므로 느린 학습자들이 짜증이나 화를 내기도 한다. 거꾸로 가르치는 사람(부모나 선생님들)이 화가 나기로 한다. 하지만 누구도 화낼 일이 아니다. 외우는 과정은 누구에게나 어려운 일이기 때문이다. 그래서 구구단을 좀 더 쉽게 외울 수 있는 방법을 찾아주어야 한다.

구구단을 쉽게 외우는 방법은 쉬운 단부터 먼저 외우게 하는 것이다. 구구단 중 몇몇 단은 서로 관련성이 있기 때문에 함께 외우는 것도 좋다. 예를 들어 2단과 4단, 8단은 수의 변화가 비슷하기 때문에 함께 외우면 편하다. 이를 기초로 구구단을 외우는 순서를 조정해보자. 수의 변화가 가장 간단한 5단부터 먼저 외우고 2, 4, 8단을 외우고 나서 3, 6, 9단을 외운 다음, 가장 불규칙해서 외우기 어려운 7단을 외우도록 하면 좋다.

5단 → 2단 → 4단 → 8단 → 3단 → 6단 → 9단 → 7단

구구단을 외우는 것은 제아무리 사탕을 가지고 공부해도, 스티커를 붙이면서 공부를 해도 고생스럽게 외우는 과정을 피할 수는 없다. 생활 속에서 즐겁게 외울 수 있도록 놀이처럼 〈구구단을 외자〉 게임을 자주 하면 좋다. 또 종이 카드를 만들어서 4×7, 3×2의 곱셈식만 적고 뒤집어서 나온 식의 답을 말해 보는 게임을 해보자. 하지만 뭐니 뭐니 해도 입으로 줄줄 외울 수 있도록 하는 것이 무엇보다 필요하다.

나눗셈을 강조하지 않는 이유

이 책에서는 나눗셈을 가르치는 방법을 설명하지 않을 것이다. 기본 연산이라 하면 덧셈과 뺄셈, 곱셈과 나눗셈을 의미하는데, 기본 연산 중에서 '왜 나눗셈을 가르치지 않는가?' 하는 점이 의아할 것이다.

당연히 나눗셈을 배워야 한다. 하지만 느린 학습자들은 나눗셈을 하기에 앞서, '덧셈과 뺄셈, 곱셈'을 빠르고 정확하게 해낼 수 있도록 숙달해야한다. 덧셈과 뺄셈은 (세 자리-세 자리)까지 능숙하게 해야 하며, 곱셈도 (세 자리×세 자리)를 능숙하게 할 줄 알아야 한다.

이 책에서는 나눗셈이 필요 없기 때문에 다루지 않는 것이 아니다. 다만 덧셈과 뺄셈, 곱셈을 빠르고 정확하게 할 수 있다면, 나눗셈은 배우는 것은 이전보다 수월해질 수 있기 때문이다.

두 자릿수 이상의 곱셈과 나눗셈은 기본적인 수 개념이나 수 계산을 넘어서 새로운 규칙을 배워야 한다. 자릿수나 계산의 순서 등의 규칙을 새롭게 외워야 하는 과정이 들어간다. 느린 학습자들은 분명히 두 자릿수 이상의 곱셈과 나눗셈에서 혼란을 겪으며 잘 습득하기 어려워할 것이다. 당연하다. 하지만 앞에서 설명한 수 감각과 수 계산을 탄탄하게 잡고 나서 새로운 학습을 하게 된다면 힘들고 어려워도 충분히 이겨내고 배워 나갈 수 있을 것이다. 하지만 지금까지 설명한 기초 수 학습이 이루어지지 않은 채, 두 자릿수 이상의 곱셈과 나눗셈을 배우는 것은 거의 불가능하다.

느린 학습자들에게 수학은 늘 어렵다. 그래서 기초 수 개념이나 계산과정을 차근차근 해나려는 노력이 필요하다.

우리는 지금까지 '느린 학습자'들의 특징과 그들에게 효과적인 공부 지도 방법에 관해 살펴보았다. 이들에게 공부를 가르치는 것도 중요하지만, 이들의 심리를 파악하는 일 또한 매우 중요하다.

이번 장에서는 공부 가르치기보다 더 어려운 아이들의 심리를 들여다보려 한다. 느린 학습자들은 대부분 주의가 산만하며, 수업을 끝까지 집중하기 어려워한다. 여러 상황에 놓인 느린 학습자들의 심리를 꿰뚫어 보고 문제 원인이 무엇인지 파악해본다. 나아가 대처 방안을 살펴보고 대처 능력을 기를 수 있도록 노력하자.

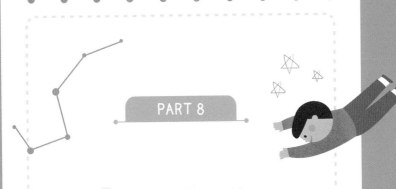

PART 8

공부 가르치기보다
더 어려운 아이의 심리

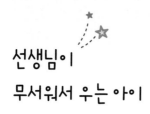

선생님이
무서워서 우는 아이

초등학교 3학년 여자아이이다. 평소 매우 소극적이고 무기력한 모습을 자주 보인다. 목소리도 크지 않고 수업 중에도 대답을 거의 하지 않는다. 학습 수준이 매우 저조하여 초등 1학년 정도의 읽기 수준이며, 수학에서는 연산하는 속도가 매우 느리다. 문제는 학습을 지도하는 도중에 조금만 어려운 문제가 나와도 울음을 터뜨리곤 해서 왜 우느냐고 물어보면 선생님이 무서워서 그렇다고 말한다.

이 아이는 왜 우는 것이며, 어떻게 학습을 지도해야 할까?

낮은 인지능력

이 학생은 인지능력이 매우 저조할 것으로 예상된다. 보통의 담임교사들은 '이 학생이 인지능력이 몹시 나쁘지 않고 조금 낮은 정도이며, 가정에서 돌봄이나 학습 지도가 잘 이루어지지 않아서 학습의 어려움이 있는 것이 아닐까?' 하고 심각하게 생각하지 않는 경우가 많다. 실제로 학습하거나 울 때만 아니면 선생님과 잘 지내기도 하고 또래들과도 잘 노는 모습을 보이기 때문에 그렇게 인지능력이 낮을 것으로 생각하지 않는다.

특수교육 대상자

이 학생에 대하여 자세하게 살펴보면 읽기 능력이 매우 저조할 뿐만 아니라, 수학에서도 6 이상의 수에서는 수 개념이 부족하고, 계산도 매우 어려워하였다. 또한 조금만 어려워도 우는 행동을 하는 것은 언어발달이 제 연령만큼 발달하지 못하여 자기 생각을 잘 표현하는 것이 어렵기 때문이다. 그리고 조금만 당황해도 우는 행동을 하는 것으로 보아, 또래들과 달리 정서적 표현 방법이 유아 수준인 것으로 판단되었다.

따라서 이 학생은 지능검사를 포함한 종합심리검사를 받도록 하여 특수교육 대상자인지 여부를 먼저 판단할 필요가 있다. 특수교육 대상자인지 여부를 알아봄으로써 도움 반에 배치되도록 돕는 편이 더 나은 선택이 될 수도 있기 때문이다. 실제로 비슷한 경우의 한 학생에게 지능검사를 하도록 했을 때 전체 지능이 65가 나와서 지적장애 3급 정도인 것으로 평가되었다.

부모에게 안내하기

경우에 따라 선생님들은 보호자(학부모)에게 자녀가 특수교육 대상자임을 전하는 상황이 매우 어렵게 느껴지고, 어렵사리 학부모들께 전달해도 잘 받아들여지지 않을 수도 있다. 또한 기초학습이 부진한 학생들은 방과 후 학습 지도 선생님을 만나 개별 학습 지도를 이미 받고 있다면, 도움 반에 배치되는 상황을 달갑게 여기지 않을 수도 있다. 개별 학습지도를 받을 때보다 오히려 도움 반에 갔을 때 개별화된 도움을 받기가 더 어려울 수 있기 때문이다.

만일 그렇게 생각한다면 어차피 특수교육 대상자로 선정되기까지 어느 정도 시간이 소요되므로, 방과 후 개별 학습 지도를 하시면서 아이를 좀 더 관찰하는 편이 더 도움이 된다. 관찰하는 동안 학습지도 방법을 다양하게 바꿔보면서 학생에게 맞는 지도법을 찾아낸다면 좋겠지만, 종합심리검사를 시행하여 특수교육 대상자라고 판단이 되면 속히 부모에게 안내해야 한다.

유아적인 마음

조금만 어려워도 울고, 선생님이 무섭다고 무작정 우는 아이를 어떻게 지도해야 할까? 학생이 우는 이유는 유아적인 마음을 가지고 있어서 자신이 제대로 문제를 풀지 못하거나 대답을 하지 못하면 선생님께 야단을 맞을 거라고 지레짐작하기 때문이다.

이럴 때는 잘했다는 리액션을 자주 해주면서 친근하게 학습지도를 하면 아이의 우는 행동이 더 줄어들 것이다. 우는 행동에 대하여 너무 민감하게 생각하지 말고 "너무 어려워서 그러는구나." 하고 그 마음을 이해해주면서 어깨를 토닥여 준다면 학생은 용기를 얻어서 눈물을 그칠 것이다.

학습지도 방법

인지능력이 낮은 학생들은 한꺼번에 많은 양을 공부하기 어렵다. 또래들이 집중하는 시간 정도만 유지하여 집중하기도 매우 어렵다. 인지능력이 낮은 학생들을 학습지도할 때는 한 번에 공부할 분량을 적게 하여 여러 과목을 조금씩 학습하게 지도하자. 부담을 덜 느끼고 집중력도 높일 수 있어서 학습에 재미를 붙일 수 있다.

- 적은 분량
- 여러 과목

공부하는 중간에 집중력을 다하여 엎드린 아이

초등학교 3학년 남자아이이다. 평소 공부하는 자세가 매우 나쁘고 끈기가 없어서 공부를 오래 하지 못한다. 10분만 지나도 책상에 엎드리며 힘들다고 말하는 아이를 어떻게 지도해야 좋을까?

지구력이 약한 아이

이 학생은 지구력이 약하다. 지구력이 약한 학생들은 대체로 신체 긴장감 조절을 잘하지 못한다. 너무 긴장하거나 반대로 너무 긴장을 풀고 늘어져 있는 경우가 많다. 신체활동을 별로 좋아하지 않아서 가정에서도 대체로 누워서 휴대폰 게임을 하는 것을 가장 좋아한다.

꾸준한 운동

이 학생이 평소에 많이 해야 하는 활동은 바로 꾸준한 운동이다. 꾸준한 운동을 통해 자신의 신체 긴장감을 자연스럽게 조절하는 연습을 해야 한다. 오랫동안 신체활동을 하게 한다면 학습하는 동안 끈기를 가지고 유지할 수 있는 지구력이 생길 것이다. 장기적으로 학습 태도를 바로 잡아주기 위한 운동 지도는 선택이 아닌 필수다.

학습지도 방법

당장 엎드려서 일어나지도 않고 공부하기 어렵다고 하는 학생들을 지도하는 것이 더 시급한 문제가 될 수 있다. 이럴 땐 주의 환기를 위해 다른 과제를 제공하거나, 아니면 조금 휴식을 하도록 허락하는 것이 도움이 된다. 근육 긴장도가 떨어지고, 신체 피로감이 있는 상태이므로 잠시 쉬는 시간을 갖도록 하여 재충전이나 기분전환을 하게 한 뒤, 심기일전하여 다시 공부하도록 이끄는 것이 더 좋다. 하지만 점진적으로 '지구력 향상'이 학습을 위한 필수요건이므로, 조금씩 공부하는 시간을 늘려나가면서 학습을 위한 지구력이 개선되도록 노력할 필요가 있다.

- 매일매일
- 학습 분량을 조금씩 늘려가기

자세가 바르지 않고 상관없는 이야기를 자꾸 하는 아이

초등학교 2학년 남자아이다. 자세도 바르지 않고, 선생님이 질문하면 내용과 상관없는 답변을 많이 한다. 너무 말이 많아서 말을 못 하게 하면 아이는 실망한 표정을 짓는다. 선생님이 어떤 단어를 말하면, 아이들이 그 단어를 듣고 어떤 생각이 연상되는지 답하는 시간이었다. 이 아이는 자신이 하고 싶은 말을 꺼냈지만, 잘 들어보면 꾸며낸 얘기를 하는 것 같다.

이런 아이들은 어떻게 학습지도를 해야 할까?

진짜 이유는?

말이 많은 학생을 학습지도하는 것은 생각보다 매우 어렵다. 보통 교사나 부모는 학생이 지나치게 말이 많을 때 공부하기 싫어서 그렇겠지, 하는 생각에 주의를 환기시켜 집중하도록 엄하게 지도하곤 한다. 하지만 잠깐은 효과가 있을지라도, 또다시 자기가 하고 싶은 말을 하고 싶어서 참지 못하는 학생의 모습을 보면 이를 어떻게 해야 좋을지 고민하게 된다.

'진짜 이유'를 모르기 때문이다. 진짜 이유를 알아내기 위해서는 학생에게 솔직하게 물어보는 것이 좋다. 말을 많이 하는 이유가 무엇인지를 물어보는 것이다. 그냥 아무 말이나 자꾸 하고 싶은 건지, 아니면 공부가 하고 싶지 않아서인지 등 진짜 이유를 학생에게 직접 물어보자.

그냥 단순히 말하는 것이 좋아서 그런 거라면 어느 정도 이야기할 시간을 주는 것이 좋다. 하지만 공부하는 시간과 이야기하는 시간의 경계는 분명히 해야 한다. 꼭 말을 하고 싶다면 시간을 내서 학생의 이야기를 들어주자. 대개 공부하는 동안에 하고 싶은 말은 옆에 적어 놓았다가, 공부를 빨리 끝내고 나서 하고 싶은 말을 하도록 하는 것이 좋다. 하지만 이럴 때도 지금 즉시 말하고 싶어서 그런 거라면 나중에 할 얘기가 없어졌다고 학생이 말할 수도 있다. 할 말이 없어졌다거나 무슨 말을 하려고 했던 것인지 기억이 안 난다고 하면 그렇게 중요한 이야기는 아닐 것이므로 가볍게 "다음에 생각나면 말해줘." 하고 넘어가면 된다.

하고 싶은 말이 많은 아이들에게 단순히 "말 좀 그만해."라고 말한다면 아이는 속상하고 위축되어서 자꾸 눈치를 보게 된다. 그것보다는 "지금 듣고 싶지만 공부를 먼저 하는 것이 중요하니까, 적어놓았다가 이따 이야기하는 건 어때?" 하고 말해보자. 공부하는 시간과 대화하는 시간을 분명하게 구분 짓고 스스로 약간의 참을성이 필요하다는 인식을 하게 하는 것이 좋다.

충동성을 억제하지 못하는 아이

'충동성'이란 자신이 어떤 말을 하고자 하는 욕구나 어떤 행동을 하고 싶은 마음을 참지 못하는 상태를 말한다. 충동성이 강한 사람은 하고 싶은 말은 꼭 해야 하고, 하고 싶은 행동은 꼭 해야 한다. 이러한 상태는 본인이 의도해서라기보다는 무의식중에 이루어지므로 스스로도 조절을 잘하기 어렵다. 누군가가 자신의 말과 행동을 자유롭게 하지 못하게 방해하면 속 상하고 화가 나서 적절하지 못한 행동을 하기도 한다.

대개 가정에서 충동성을 조절하는 경험을 하지 못했기 때문일 수도 있고, 기질적으로 충동 억제를 할 수 없을 수도 있다. 때로는 심리적인 문제가 있어서 자신도 모르게 충동 조절을 못하는 경우도 있다.

도저히 선생님의 지도가 통하지 않고, 학생의 행동이 지나치다고 생각 된다면, 전문가를 만나서 충동 조절을 하지 못하는 이유를 알아보는 것이 더 좋을 수 있다. 상담센터나 위 센터에 방문하여 학생의 문제를 점검해 보는 것도 도움이 된다.

선생님의 물건을 만지고 가방 속 물건을 허락 없이 꺼내는 아이

방과 후 학습지도를 하는 교사다. 항상 선생님과 함께 하는 활동을 기다리고 즐거워하는 아이들을 위해 다양한 교구를 준비해 가곤 한다. 가방 안에는 아이들에게 줄 간식, 동화책, 보드게임이나 클레이 등 각종 놀이 교구들이 들어 있다. 하지만 어떤 아이는 선생님을 만나자마자 "오늘은 뭐 가지고 왔어요? 간식이 뭐예요?" 하면서 허락도 없이 선생님의 가방을 열어보고 뒤적거린다. 당황스럽다. 이럴 땐 어떻게 지도해야 좋을까?

기다리기를 가르쳐야 할 때

기다리기와 상대방에 대한 예절이 부족한 아이들은 버릇없어 보이고 이기적으로 보일 수 있다. 하지만 이 학생들은 왜 기다려야 하는지, 왜 예절을 지켜야 하는지에 대한 훈육 경험이 부족한 것뿐이다. 학생의 인성이 나쁘거나 예의 없고 이기적이라고 볼 수 없다. 학생을 훈육하는 기회로 삼는 것이 필요하다. 먼저 교사가 학생을 나쁘게 생각하는 것은 아니라는 걸 알게 해주어야 한다.

"선생님이 무얼 가지고 왔는지 궁금한가 보네?"

선생님이 학생의 마음을 이해해준다는 느낌을 학생들이 받을 수 있게 말하는 것이 좋다. 그런 다음 교사의 기대를 언급하면 좋다.

"선생님이 꺼낼 때까지 잠시 기다려주면 어떨까? 이 가방은 선생님의 개인 물건들이 많아서 누군가 아무렇게나 열어보는 것은 난처하거든."

교사가 좋게 말을 했는데도 학생이 오히려 화를 내거나 예의 없는 반응을 보인다면 교사의 솔직한 기분을 조용하게 전달하면 된다.

"선생님 물건을 허락 없이 만지는 것은 선생님으로서도 기분이 좋지 않네. 네가 사과하면 좋겠어."

예의 없이 행동한 것에 대하여 사과하는 것이 필요함을 가볍게 알려주면 좋다. 학생이 마지못해 사과하더라도 교사는 넓은 마음으로 칭찬해주자. 앞으로 선생님이 물건을 꺼내줄 때까지 기다렸으면 좋겠다고 훈육의 초점을 재확인해 줌으로써, 기다리기와 예의 있게 행동하기의 훈육을 마무리하는 것이 좋다.

유아적인 행동

학생들이 교사의 물건을 허락 없이 만지고 꺼내는 행동은 유아적인 행동이며 덜 성숙한 행동이다. 다른 사람의 마음을 미처 생각하지 않고 자신의 호기심이나 관심에 집중하여 아기처럼 행동하는 것이다. 이러한 행동에는 대개 악의가 없다. 물건을 탐내거나 가지고 싶은 마음이 있는 것도 아니다. 교사의 기분을 나쁘게 만들려고 하는 것도 아니고, 교사를 무시하려고 하는 행동도 아니다. 그저 궁금해서 기다림을 참을 수 없기 때문이다.

유아적인 행동을 하는 학생들을 보면 당황스러워서 야단치게 된다. 하지만 유아적인 행동을 하는 학생들은 마음도 유아 같아서 야단치는 사람들 앞에서 자신의 잘못을 뉘우치고 다음에 그러지 않겠다고 스스로 다짐하기보다는 눈치를 보고 마음이 위축된다. 이들은 다른 사람들이 자신에게 어떤 행동을 기대하는지 알지 못하므로 적절한 행동이 무엇인지를 차근차근 가르쳐주어야 한다.

사람은 나이가 어리든 많든 더 나은 행동을 하고 싶어 하고, 타인으로부터 칭찬받는 싶은 욕구가 있다. 따라서 유아적인 행동을 하는 학생에게도 어떻게 해야 칭찬받는 행동인지를 알게 해주어야 한다. 어느 정도 시간이 흐른 뒤, 훈육을 받았던 학생을 다시 만났을 때 행동의 변화가 있다면 반드시 아는 체 해주고 칭찬을 해주어야 한다. 학생이 더 좋은 행동을 하면 칭찬받는다는 것을 깨달아야 스스로 더 좋은 행동을 하기 위해 노력할 것이기 때문이다.

학교에서 착석을 유지하기 어려워하는 아이

초등학교 1학년 학생이다. 너무 산만하여 수업이 조금만 지루하다고 느끼면 바로 책상 위에 엎드리거나 책상 밑으로 기어들어 가려는 행동을 보인다. 수업 중에 문득 딴생각이 나면 지체 없이 벌떡 일어나서 나가는 행동을 하거나, 생각나는 것을 수업 분위기와 관계없이 말해버린다.

어떻게 해야 아이가 수업 중에 벌떡 일어나지 않고 책상 밑을 기어 다니는 행동을 하지 않을까?

충동성의 문제

수업하는 도중에 벌떡 일어나는 행동을 하거나 자기가 하고 싶은 말을 거침없이 내뱉는 행동을 한다면, '충동적 행동' 문제가 있는 것으로 판단된다. 충동성이란 자신의 생각이나 감정을 조절하지 못하여 상황에 맞지 않게 행동을 하거나 말하려는 경향을 보이는 것을 말한다.

학생들이 충동적인 행동을 하는 이유는 다음과 같다.

첫째, 주의력 결핍 및 과잉행동 장애를 가지고 있을 수 있다.

보통 ADHD라고 줄여서 부르기도 하는 정신과적 문제로서 소아정신과에 방문하여 약물치료를 진행하는 것이 필요하다고 인식된다. 이는 타고난 기질적 성향이므로 생물학적으로 과잉행동을 조절하지 못 하는 행동 특성을 가진 것으로 이해하여 이를 조절하기 위한 생물학적 조절 약물을 처방하는 것이다. 대개 이 같은 특성은 타고난다. 벌떡 일어나 돌아다니거나 자신이 하고 싶은 말을 참지 못 하는 행동이 어느 날 갑자기 나타난 것이 아니고, 매우 어린 시기부터 계속되어 온 것이다. 어려서부터 산만한 행동이 조절되지 않았다고 판단된다면 지체 없이 소아정신과를 방문하기를 권장한다.

둘째, 학생의 행동이 서서히 나타났다거나 어느 시기에 갑작스럽게 나타났다면, 기질적인 문제보다는 정서적인 문제로 이해될 필요가 있다.

정서적 문제는 대개 부모님의 행동이나 양육 방법과 관련된다. 부모가 지나치게 냉정한 성격으로 자녀를 온정적으로 양육하지 못거나 학습에 대한 압박을 지나치게 자녀에게 주었을 때, 학생의 충동적인 행동이 나타날 수 있다. 부모의 온정적인 양육을 충분히 받지 못하고 성장한 학생들은 정서적 안정감을 형성하지 못한다. 인간의 정서적 안정감은 스트레스가 발생하거나 자신에게 어려운 일이 닥쳐도 불안을 느껴 회피하려는 마음을 진정시켜준다. 정서적 안정감으로 인해 전반적으로 침착하게 행동하게 되는 것이다.

정서적 안정감이 없는 사람들은 자신이 감당하기 어려운 일이나 과제를 회피하고 싶은 마음을 억제하지 못한다. 나이가 어린 학생들의 경우에는 자리에서 벌떡 일어나거나 갑자기 소리를 지르는 과잉 행동을 하기도 한다. 책상 밑을 기어 다니는 행동도 공부가 어려워서 회피하고 싶은 마음에서 비롯된 것이다.

충동적 행동의 원인을 알아보려면

먼저 부모님이 양육 행동을 바꿔보자. 한 달 정도 아이를 품에 꼭 안아주고, 사랑스럽고 예쁘다고 자주 표현해준다. 갑작스러운 부모의 행동 변화에 아이는 당황하겠지만, 부모님의 변화를 좋아하면서 차분하게 행동하려는 경향이 많아질 것이다. 부모의 변화가 학생의 변화를 끌어낸다면, 이는 정서적 원인에서 충동적으로 행동하는 것이므로 앞으로도 온정적인 양육 행동을 지속해야 한다.

하지만 부모의 행동 변화가 학생의 행동 변화를 이끌지 못했다면 기질적인 충동성일 수 있다. 이 경우 전문기관(병원, 심리치료 기관)을 찾아서 조언과 처방을 받고, 방법을 논의해 보는 것이 필요하다.

학습 태도를 지도하려면

교사는 학생들의 주의집중을 높이고 충동성을 조절하기 위한 특별 노하우를 개발할 필요가 있다. 일대일로 학습 지도를 할 때 칭찬과 격려를 아끼지 않아야 하며, 보상을 확실하게 제시함으로써 행동조절의 동기를 만들어 주어야 한다. 일정 시간 공부에 집중한다면 보상으로 놀이를 해준다거나, 어떤 상을 주겠다고 제시하고 나서 공부를 진행하는 것이다. 충동성이 높은 학생에게는 보상물이 매우 확실한 행동조절의 계기를 만들어준다. 다만 보상물의 가격이 너무 과하지 않고, 즉각적으로 받을 수 있어야 한다.

교재 교구 선정

학습할 때 교구와 교재를 잘 선정해야 한다. 읽고 쓰는 학습지와 오리거나 자르거나 놀이하는 활동적인 교재를 50:50의 비율로 구성하는 것이 좋다. 읽고 쓰는 학습지만 사용하면 싫증을 자주 내면서 착석을 잘하지 않을 수 있다. 또한 오리고 자르며 놀이하는 활동 과제만 제공하면 계속해서 읽고 쓰는 과제를 멀리하려고 할 수 있기 때문에 과제 구성에 좀 더 신경 써야 한다.

어떤 책을 읽도록 할까?
흥미 위주 VS 좋은 정보

이해력과 학습 능력이 부족한 아이에게 책을 꾸준히 읽도록 지도하고 있다. 아이가 좋아하는 주제가 담긴 책을 골라서 읽도록 하고 있는데, 아직 글 읽기가 유창하지 않아서 글이 많은 책보다는 만화책이나 글이 적은 동화책을 골라서 읽으려고 한다. 어휘력이 부족한 아이라서 지나치게 흥미 위주의 책만 읽으면 어휘력 향상에 도움이 될 것 같지 않은데, 아이는 본인이 읽고 싶은 책만 읽겠다고 고집 피운다. 관심 없는 분야의 책과 글씨가 많은 책은 아예 거부한다.

아이에게 흥미 위주의 책만 읽게 해도 괜찮을까?

책 읽기를 하는 목표를 분명히 해라

교사나 부모님들은 학생들에게 유익한 정보가 담긴 많은 책을 읽게 하고 싶다. 하지만 생각처럼 학생들이 책을 좋아하지는 않아서 책을 읽자고 하면 싫은 표정을 지으며 싫다고 하는 경우가 많다. 책을 가까이하는 것은 매우 좋은 습관이므로 학생들이 책과 친해지도록 꾸준히 지도해야 한다.

우선 책을 읽히는 교사의 목적이 무엇인지를 분명하게 정하는 것이 좋다. 교사는 어떤 목적으로 학생과 책 읽기를 하는가?

- 책에 흥미를 갖도록 하기 위해
- 어휘력을 늘리기 위해
- 글자를 틀리지 않고 읽을 수 있도록 하기 위해
- 이해력을 높이기 위해

만일 책에 흥미를 갖도록 하기 위해서는 학생이 좋아하는 주제와 교사가 권하는 책의 비율을 적절하게 섞어서 제시하자. 독서의 편식이 조성되지 않도록 하는 것이 중요하다. 즉 흥미 위주의 책과 좋은 정보를 담은 책을 골고루 읽을 수 있도록 하는 것이 바람직하다.

어휘력을 높이기 위해서 독서 지도를 한다면 만화책보다는 양질의 어휘가 포함된 책을 의무적으로 읽도록 지도하는 것이 좋다. 잘 찾아보면 양질의 어휘가 포함되어 있더라도 재미가 있는 책들도 꽤 많다.

문해력이 확립되지 않은 저학년이라면 흥미 위주의 책을 읽더라도 교사와 함께 소리 내어 읽는 시간을 갖는 것이 좋다. 문해력이 확립되지 않은 저학년은 만화책 속 등장인물의 과장된 표정이나 의성어 등을 보면서 재미를 느낀다. 혼자서 만화책을 보게 하지 말고, 교사와 함께 책을 보면서 다양한 대화를 나누는 시간을 갖게 하자. 이때 언어표현력 향상을 위해 학생들에게 자기 생각을 긴 문장으로 표현하는 기회를 많이 주면 좋다. 하지만 역시 문해력 확립을 위해서는 만화책을 사용하기보다는 글자가 많지 않더라도 동화책을 읽거나 간단한 문장이 적혀 있는 책을 읽도록 하는 것이 도움이 된다.

이해력을 높이기 위해서는 쉬운 동화책을 사용하거나, 학생들이 좋아하는 만화책을 사용해보자. 단순히 책만 읽는 행동은 그들의 이해력을 높이기엔 부족하다. 책을 읽고 나서 느낀 생각을 깊이 나누는 것이 필요하다. 등장인물의 특성, 그림 속에서 재미있다고 생각한 부분, 결말에 대한 생각 등 다양하게 이야기를 나누는 활동이 이해력 향상에는 더 도움이 된다.

목표가 없더라도 독서는 좋은 활동이다

사실 책을 읽는 목표가 없더라도 독서는 좋은 활동이다. 책 읽기를 즐기는 학생일수록 인지력이 향상되고 좋은 정서를 가질 수 있다. 그래서 큰 목표가 없더라도 꾸준히 책을 읽도록 하는 것이 좋다. 독서 지도를 하면서 학생의 취향이나 언어습관을 잘 살펴서 의도된 독서환경을 조성하는 것도 좋다. 조금씩 학생이 관심사를 확장할 수 있도록 옆에서 꾸준히 지도해야 한다.

예를 들어 자동차에 관심이 있는 학생에게는 세계 여러 나라의 자동차를 소개하여 여러 나라의 문화에 대한 관심사로 확장하게끔 할 수 있다. 또한 학생들이 좋은 언어습관을 형성할 수 있도록 '재밌는 만화책'과 '긍정의 키워드가 많이 담긴 동화책'을 함께 읽도록 하는 것도 좋다.

책 읽기보다 더 중요한 '대화' 나누기

한 어머니는 아들에게 어린 시절부터 꽤 많은 책을 읽어주었는데, 그 아들이 중학생이 됐는데도 왜 이해력이 부족하고 어휘력도 떨어지는지 모르겠다고 말씀하신 적이 있다.

책 읽기에서는 단순히 어머니가 자녀에게 몇 권을 읽어 주었는지가 중요하지 않다. 교사와 함께 책을 읽을 때도 마찬가지다. 학생이 누군가와 책을 함께 읽었다면, 이 순간 더욱 중요한 것은 '대화'이다.

단순히 책을 읽는 것으로 그치지 않고, 책에 읽고 느낀 점을 자유롭게 대화로 나누는 것이 더욱 중요하다. 책을 읽고 나서 느낀 점이나 생각, 자신의 경험과 연관 짓기, 등장인물이나 사건에 대한 학생의 의견에 대하여 대화하는 것은 정서적으로나 인지적으로 매우 유익한 일이다. 특히 경계선 지능 학생들에게는 책의 내용을 단순히 읽는 활동만으로는 유익한 경험이나 지식을 습득하지 못하므로 교사와 함께 다양한 대화를 나눔으로써 인지적·정서적 발달이 촉진되도록 도울 수 있다.

참고문헌

Part 1. 경계선 지능과 학습장애는 '느린 학습자'다

- 박찬선, 장세희(2015), 경계선 지능을 가진 아이들, 이담북스.
- 미야구치 코지(2020), 케이크를 자르지 못하는 아이들, 인플루엔셜.

Part 2. 느린 학습자들의 인지적 특징

- 김애화, 김의정, 황민아, 유현실(2011), 읽기성취 및 읽기 인지처리 능력 검사, 학지사.
- 박찬주, 신기명, 안세근(공저)(1999), 학습장애 치료교육, 학지사, 1999.
- Fuchs, D., Hale, J. B., & Kearns, D. M. (2011). On the importance of a cognitive processing perspective: An introduction. Journal of Learning Disabilities, 44(2), 99‒104.

- 한국학습장애학회(2018), 학습장애총론, 학지사.

Part 3. 느린 학습자의 기초인지능력 다지기

- 국립특수교육원(2004), KISE-BAAT 개발연구.
- 국립특수교육원(2017), 기초학습능력검사(KISE-B·ACT) 개발연구.
- 정종식(2000), 효과적인 교육상담을 위한 학습부진아의 진단과 치료, 교육과학사.
- 최영하(역)(1999), 정신지체아의 교육이론과 방법, 대구대학교출판부.
- Michelle k. Hosp 외(공저), 여승수, 정평가, 신재현(공역)(2015), 학습장애 및 학습부진 아동의 과학적 평가방법: 교육과정중심측정의 이해, 학지사.

Part 4. 학습능력평가로 느린 학습자 파악하기

- Sally Shaywitz의 인터뷰(2016) https://youtu.be/qrnEbSDyBhQ
- 이찬승, 이나경(역), 앨로웨이 외(지음), 작업기억에 달렸다, 한국뇌기반교육연구소.
- 이새별(2020), 작업기억 검사의 타당화와 경계선급 지능 아동의 작업기억 특성 분석, 서울교육대학교 교육전문대학원박사학위 학위논문.

Part 5. 느린 학습자에게 효과적인 한글 지도법

- 허진동(2011), 총체적 언어 접근법을 적용한 읽기지도 : 특성화고 학생을 중심으로, 영남대학교 교육대학원, 석사학위논문.
- 조순복(2006), 음운인식훈련이 학습장애아동의 문자 읽기 및 쓰기

오류에 미치는 효과, 공주대학교 교육대학원 석사학위논문.

- 이은선, 유선미, 석동일(2005), 초등학교 저학년 학생의 읽기를 통한 연음규칙 인식수준 비교. 특수교육저널 : 이론과 실천, 제6권 2호.
- 이상현(2001), 입문기 아동의 한글지도를 위한 멀티미디어 CAI프로그램의 설계 및 구현, 부산교육대학교 교육대학원 석사학위논문.

Part b. 느린 학습자에게 효과적인 독해 지도법

- 윤낙영, 고성룡(2009), 난이도가 다른 덩이 글 읽기에서의 안구운동 양상, 한국인지과학회지 인지과학.
- 윤민자(2013), 의미단위별 끊어 읽기와 반복읽기가 영어 읽기속도 및 이해도에 미치는 영향, 공주대학교 교육대학원 석사학위논문.
- 박희향(2008), 끊어읽기(CR)·반복읽기(RR)가 자폐성 아동의 읽기 유창성과 읽기 이해에 미치는 영향, 단국대학교 특수교육대학원

석사학위 논문.

- 이선미(2008), 영어 소리 내어 읽기 방법에 따른 읽기행동 연구, 서울교육대학교 초등영어교육전공 석사학위논문.
- 원매희(2008), 음독 · 묵독에 대한 인식과 활용 실태 분석 : 초등학교 학생 · 교사 · 학부모들을 대상으로, 가톨릭대학교 대학원 석사학위논문.
- 박상희(2013), 반복읽기와 KWL 읽기 전략이 읽기학습부진학생의 독해력에 미치는 효과, 경인교육대학교 교육대학원 석사학위논문.
- 박민해(2017), 학령기 아동의 설명글 읽기이해 특성, 용인대학교 재활복지대학원 석사학위논문.
- 김은숙(2011), 이야기문법 중심 언어중재가 지적장애아동의 이야기글 이해에 미치는 효과, 대불대학교 보건대학원 석사학위논문.
- 양재홍 글, 이춘길 그림(2011), 제주 많은 다섯 친구, 보림출판사.

Part 7. 느린 학습자에게 효과적인 기초 수학 지도법

- 전위성(2019), 엄마의 수학공부, 오리진하우스.
- 가게야마 히데오 지음, 임선애 옮김(2003), 초등학생 10% 공부테크닉, 홍익출판사.
- 키시모토 히로시 지음, 강명숙 옮김(2002), 보이는 학력 보이지 않는 학력, 박영률출판사.

Part 8. 공부 가르치기보다 더 어려운 아이의 심리

- 박희정, 최연신(2009), 초등부모 공부심리백과, 스쿨라움.
- 김현수(2015), 공부상처, 에듀니티.
- 멜 레빈 지음, 김미화 옮김(2003), 내 아이에겐 분명 문제가 있다, 소소.

느린 학습자의 공부

초판 1쇄 발행 2021년 6월 18일
초판 13쇄 발행 2024년 11월 15일

지은이 박찬선
발행인 채종준

출판총괄 박능원
편집장 지성영
책임편집 신수빈
디자인 서혜선
마케팅 문선영 · 전예리
전자책 정담자리
국제업무 채보라

브랜드 이담북스
주소 경기도 파주시 회동길 230(문발동)
문의 ksibook13@kstudy.com

발행처 한국학술정보(주)
출판신고 2003년 9월 25일 제406-2003-000012호

ISBN 979-11-6603-449-7 03370